マルクス・ガブリエル 日本社会への問い

欲望の時代を哲学する III

丸山俊一 Maruyama Shunichi
＋NHK「欲望の時代の哲学」制作班

NHK出版新書
712

はじめに　認識と思考の冒険へ——丸山俊一

マルクス・ガブリエル。

五年ぶりに来日を果たした「天才」哲学者は、エネルギッシュだった。「新実在論」を掲げて注目を浴び、近年は「倫理資本主義」を説く「哲学界のロックスター」は、いつものように饒舌《じょうぜつ》だった。

二〇二三年五月、コロナ禍が一段落する頃にガブリエルはやってきた。さまざまなカンファレンス、イベントが組み込まれた一週間弱のあわただしい来日。そのスケジュールの中で、我々制作班も東京都内二か所に場を設定して、彼の前にカメラを据え、じっくり話を聞き出した。

ガブリエルとは、二〇一七年春「欲望の民主主義」で初めて日本の映像メディアに登場してもらって以来の関係だ。その後、「欲望の資本主義」「欲望の哲学史」「欲望の時代の哲学」など、「欲望」というキーワードを軸に、錯綜する社会や自分自身との向き合い方、思考のヒントを問うてきた。

利益を生むためなら道義も捨て、正義のためと称して戦争もする――自分が本当は何を欲しているのか、自分で自分がわからなくなってしまう人間という存在。その人間と、変化を続ける現代社会のあり方を、欲望という厄介な対象を切り口に見つめてきた。

今回インタビューを行ったのは、二〇一八年にドイツ・ボンでインタビュー撮影して以来、この「欲望」シリーズでの度重なる取材を通じてガブリエルと親しくなり、彼の信頼も得ている大西隼ディレクターだ。用意した場は、赤坂のホテルの和室と、虎ノ門のオフィスビルの会議室で、いずれも過密と言える日程の合間を縫って収録が行われた。

日本の空気を肌で感じ取り、思考をめぐらせる哲学者は、この社会の中に潜む人々の意識、慣習、文化的な可能性と「呪縛」までを言語化し、俎上に載せようとし続けた。文明論的な視野で見た時の国際情勢の変化、資本主義の行方などにも言及しつつ、現在の日本がどのように見えるのか、変化の大きな潮流の中にあって、日本はその美点を生かしながら、どう変わっていくべきなのかについて、対話しながら、言葉を紡ぎ続けた。ガブリエルからの日本社会への提言を、皆さんはどう聞くだろうか？

本書は、対話による取材の記録である。長年の番組との関係性から、またこのシリーズに共通する「欲望」というキーワード設定から生まれた独自の言葉を、吟味していただきたい。


本書では、実際に行われた対話の妙を重視した。言葉のキャッチボールから生じる、その場の流れの中で生まれた話し言葉ゆえの「揺らぎ」も、できる限りそのまま収めることを選んだ。むしろ、そうした揺れも魅力だと考えたのだ。これは、ガブリエル自身による著作では味わえない魅力と言えるかもしれない。彼の思考の「息づかい」、ライブ感のある肉声を感じ取れるはずだ。

言葉は関係性からしか生まれない。他のメディアでは見せない、人間ガブリエルの思考の広がりや立ち居振る舞いというものがある。彼の心の底にあるものを想像しながら、皆さんそれぞれが考えるヒントをつかみ取ってくだされればうれしく思う。

二〇二〇年代、これから世界は、日本は、社会はどこへ向かって行くのか？

その時、組織は、個人は、その関係性をどう捉え直し、どのような価値観、ものの見方を養っていくべきなのか?

認識と思考の冒険の始まりだ。

マルクス・ガブリエル　日本社会への問い――欲望の時代を哲学するIII　目次

はじめに　認識と思考の冒険へ（丸山俊一）……3

I部　近代のニヒリズムが終わる時……13

第一章　「入れ子構造の危機」の時代……14

五年ぶりの来日、東京でのあわただしい日々の合間に
「ネステッド・クライシス」＝「入れ子構造の危機」の時代を生きる
誰にも展開が読めない危機
大国・中国の「権威主義」が抱える矛盾
存在感を増すインドという大きな存在
「近代的なニヒリズム」という特殊な二〇〇年が終わる時
中国とインドという二つの大きな思想潮流の衝突
「資本主義」の本質はコンクリートではなく水

資本主義は意識と世界観とともに成立する——中国の「道教的資本主義」？
中国とは似て非なる日「本」特有の「本」質
日本社会に潜在する「抑圧」の形
日本的ヒエラルキーの中での「読心術」の功罪

第二章　一九〇年代で足踏みする日本……55

二一世紀に自らを置くことなく、九〇年代で足踏みしている日本
いま日本に必要な「跳躍」と新たな挑戦
ドイツ人にはアクセスできない「レイヤー」とは？
キリスト教はドイツが輸出したソフトウェアか
「中心がない」点で共通するガブリエルと日本人
「崩壊する帝国」アメリカの抱える大いなる矛盾
「歴史がない」のではなく「記憶がない」国・アメリカ
歴史における「長いゲーム」の勝者は？
アメリカ風を装った中国の「作戦」
振り子のように動き、出口が見えにくいアメリカ
東京とメキシコのハイブリッドに可能性を見る
ドイツと比べた時、日本の地下鉄の過密さは……

日本が「九〇年代」から脱するためにすべきこと
コギ族の教え、水の流れの再構築
日本庭園に凝縮された、水と命と……

II部 人間だけが自らの存在の意味を問う……105

第三章 今、より良き社会は可能か……106
人の心を読み合う日本社会
「現代」と資本主義を受け入れ続ける
「現実を解明する」哲学者としての使命感
権威主義が目立ち始めた時代に民主主義の成果とは?
「民主主義は遅い」という主張はどこから来るのか
二大政党制と金権政治で極端に振れるアメリカ型民主主義

第四章 失われた「存在」を求めて……124
「輝く国」日本で生まれる幻想——可視化されない社会の問題
岡倉天心の言葉が問いかけたもの

ハイデガー『存在と時間』に繋がる岡倉天心の精神性
近代化がもたらした「存在」の喪失への嘆き
近代のすべての病は「存在」を失ったことに対する嘆き
花を「カット」(＝斬る)することなく、失われた「存在」を回復できるか
「しがみつく」ことで破滅が待っている
近代を完全に実現するための「新しい」もの
「新しい」ことの意味するものは円か、らせんか――回帰する時代
東京に比べればニューヨークも小さな村――実験の場としての日本
社会と個人の関係性の逆転
社会とは「因果的に繋がった人的交流の形」である
「私たちは運命共同体です」に拍手喝采したアメリカ

エピローグ　自分の価値を自分で信じる生き方を
――若き日本人たちへのメッセージ……163

おわりに　「存在」と「カット」の共存への道（丸山俊一）……169
「入れ子構造の危機」の時代を生きる
「直線」ではなく「循環」へ――インドの台頭と「西欧文明の終焉」
日本の歴史の中に存在し続けた？「cut」
水を本質とする資本主義は「社会への認識」によって形を変える？
敵は資本主義ではない――自然主義から抜け出し自らの価値観を養う術は？
アートの自律性を再認識した上で、人間の自律性も自覚せよ
二一世紀の「一杯のお茶」の可能性
「日本文化論の先駆け」からガブリエルにまで届いた命題
「哲学」という形式の外部で「考える」日本人
再びガブリエルに問う、「cut」のバージョンアップへの道

校閲　河津香子
DTP　佐藤裕久

Ⅰ部　近代のニヒリズムが終わる時

@赤坂「禅スタジオ」

第一章　「入れ子構造の危機」の時代

撮影クルーが準備していたホテル内の一室へと案内されたガブリエルは、そこに思いがけず広がっていた、部屋に隣接する日本庭園に目を輝かせ、スマートフォンを取り出し、その様子をカメラに収める。

「最高の〝禅スタジオ〟だね」

こうつぶやいて、畳の上の椅子にあぐらをかくや否や、息をつく間もなく、思考のスピードに言葉が追いつかないのがもどかしいといった様子で、例によって高速でしゃべり始めた。

ノン・ストップ・インタビューの始まりだ。

マルクス・ガブリエル

ディレクター：大西　隼

五年ぶりの来日、東京でのあわただしい日々の合間に

いい天気になりましたね。素晴らしい一日になりそうです。朝泳いでサウナに行って……いい朝のスタートでした。その後、ここまで歩いて来ました。この和室は日本庭園に隣接していて、最高のインタビュー場所ですね。言わば、「禅スタジオ」です。

和室でインタビューを受けるガブリエル氏。「最高のインタビュー場所ですね」

――今回も取材の機会をいただき、ありがとうございます。

こちらこそ、またも企画していただき、ありがとうございます。この企画に再び参加できたことをとてもうれしく思います。

――まず、今回日本にいらっしゃった主な目的は何でしょう？

今回は四つのイベントのために来ました。まずは早稲田大学での、ドイツの理想主義と現実主義に関するカンファレンス（学術会議）です。私の講演を聞いてもらい、その上で皆さんの質問に私が答える形式のものです。それから、虎ノ門での、「インテリジェント・デザイン・フォーラム」というシンポジウムです。こちらは昨日開かれて、倫理資本主義に関する話をすることができました。

明日は経団連（日本経済団体連合会）の会長と話す会に招かれています。資本主義の未来についても、経団連会館で話し合います。その後、東京大学でいくつかのカンファレンスに参加して、東大総長とも話すことになっています。そして、私も登場しているドキュメンタリー映画の関係者上映会にも参加し、登壇して議論する予定です。ＡＩなどテクノロジーの発展と、社会と人間の関係性などについて、映像をきっかけに議論する場です。

――相変わらず、とてもお忙しい日々ですね。今回も撮影できることをとても楽しみにしています。

お願いします。いい映像が撮れると思いますよ。

――今まで、既に何度かあなたにご出演いただいています。二〇一七年春、最初の撮影では民主主義がテーマだったことを覚えていらっしゃるでしょうか？　あなたの滞在先のパリでの撮影でした。そして二〇一八年にはあなたが日本にいらっしゃいました。東京、大阪、京都と、ロケのクルーは一週間同行させていただきました。もう五年前のことです。
あの時のことは深く印象に残っています。東京のスタジオでの「欲望の哲学史」収録の際には、あなたは実存主義と構造主義について、アメリカのドラマ「となりのサインフェルド」についてまで、たくさん話して、講義してくださいましたよね。スケートボードで登場なさったことも印象に残っています。

ええ、あれは楽しかった。

――今回初めてあなたの言葉に触れる人のために、これまでの議論について過去の番組からも引用しつつ、この新たな撮影と組み合わせることで、さまざまなテーマについてさらに考えを深めていきたいと思っています。
さて、本題に入ります。まず伺いたいのは、五年前と比べて世界はどのように変わったかということです。現状をどのようにご覧になっていますか？　より無秩序になったとお考えでしょうか？　パンデミックは本当に終息したのでしょうか？　ウクライナ戦争に出口はあるのでしょうか？
世界秩序は不透明感を増しています。アメリカのパワーが弱まる一方、中国が覇権を目指す活動がどんどん拡大しているようにも見えます。こうした状況全体を、あなたは今、どう見ているのでしょうか？

わかりました。現在の状況について私が考えていることをお話ししましょう。

「ネステッド・クライシス」＝「入れ子構造の危機」の時代を生きる

キーワードがあります。私たちが「ネステッド・クライシス」＝「網の目の危機」／「入れ子構造の危機」と呼ぶべき時代に生きていることは確実です。現状を、ポリクライシス＝「複数の危機」と表現する理論家もいますが、それは違うと思います。ポリクライシスとは、言葉の定義に則して正確に表現するなら、多くの危機がある、いくつかの危機がある状態ということですよね？　それとは異なり、「ネステッド・クライシス」の場合には、相互に絡み合った影響し合う輪の中において、もはや一つの危機が他の危機の一部となって組み込まれているような状態です。

その前提として、もちろん忘れてはならないのは、今起きているすべての出来事の背景には気候危機があるということです。今や地球上の誰もが感じるように、人間が住む地球環境は変わりつつあります。そして、ただ変わりつつあるだけではなく、「変わりつつある」と私たちが気づいている事実の中で、変わりつつあるのです。

つまり、変化に気づきつつある気候科学と変化自体がミックスした状態ですね。気候変動に関して高まっている社会意識と、気候変動が進んでいる事実のミックスが、人間の行動を変えている。このことは間違いありません。

たとえば、ドイツは再生可能エネルギーに向けて、かなり大胆な移行の段階に入っています。近年、経済的な側面に関しては、ドイツはロシアからのガス供給に多くの部分を依存してきました。〔天然ガスをロシアからドイツへ運ぶ〕「ノルドストリーム」などです。すなわちアンゲラ・メルケル首相の全一六年間と、その前のゲアハルト・シュレーダー首相の時代にわたって、つまり基本的に二一世紀になってからずっと、ドイツはロシアのガスを当てにしてきたのです。ロシアのガスがドイツの経済成長の主なエネルギー源でした。市場原理に従って、ドイツは安価なガスに頼ってきたのです。

しかしその後、最近になって、ドイツは気候危機や「欧州グリーンディール」、その他諸般の理由から、ロシアのガスを断ち切ることをようやく決断したのです。当然、これに対してロシアは大いに反発しました。もちろん、この決断だけで、ドイツが今までの選択を正当化できたわけではありません。私も今、ただ単に事の推移を時系列に沿って説明しただけです。

そしてこのドイツの路線変更の結果、今あらためてロシアが、ビジネスモデルと経済全体のあり方を見直し、変革していかねばならないことに気づいたというわけです。ドイツがロシアのガスから手を引いたからというだけではありません。この件に関してはロシアも、輸出先においてドイツがだめなら中国や、さらに言えば日本へ、という具合にシフトすることもできたはずです。

しかし彼らもまた、認識を新たにしたのです。すなわち、化石燃料による近代化というモデル自体がいよいよ終焉に近づいている、と。実は、このロシアの状況認識の変更が、ウクライナ戦争をもたらした一因であると言えるのではないでしょうか。気候科学と気候危機の結果として生まれたエネルギーシフトは、ロシアの行動に影響を与えた可能性があります。

これらに加えて、さらにこの数年の間に、徹底的に国境を閉ざすべき状況が生まれました。ご存知のように、新型コロナウイルスによるパンデミックです。こうして、複合的な要因が入れ子構造のように絡み合って、新しい形の国粋主義的な考え方が生まれたというわけです。

誰にも展開が読めない危機

ここで一つ忘れてはならないことがあります。

パンデミックの間は、どの国においても、自国のパンデミック対策が他国よりも優れているという認識に基づいたかのような政策が目につきましたよね？　日本の戦略も、ひとまず海外との往来を禁止することで自国民の精神的な動揺を鎮《しず》めて、自粛要請を行うという動きが目立ちました。一時期の海外渡航禁止は厳しい政策でしたが、それ以外は、ある意味、「お願いベース」のとても民主主義的な対処法だったと言えるでしょう。

日本において国家は、責任は国民それぞれが負うべきという考え方で、たとえばヨーロッパの国々と比べるとそれほど強引な政策はとりませんでした。ヨーロッパの大抵の国々は、パンデミックの間は日本よりもっと強権的でした。しかし、どの国も結果的には失敗したように思えます。

ワクチンが普及すると、日本でも感染者数が減りました。同時期にヨーロッパでは既に感染者数が再び増えていて、皆そのことを知っていたにもかかわらず、日本は「ああなるのは彼らの国だけだ」と思い込んでいたのです。「私たちは低い感染者数を保てる」と、ある時期の日本は独自の感染対策に自信を持っているように見えました。しかしそうはならず、他の国々同様に、やはり感染者数は増えました。私たちが見たのは自然現象で、社会的反応がウイルスのネスト＝巣／温床となったのです。

これは一つの例に過ぎません。ウクライナ戦争、パンデミック、中国の台頭などの明らかな危機に加えて、格差の拡大もあります。アフリカのさまざまな国々では食糧危機も起きています。

それにしても、誰もいわゆるG8以外の国々で起きていることを話題にしませんよね？ブラジル、インド、中国、ロシアという新しい「同盟」ができています。このすべてが、実は、人間社会の根本的真実の顕在化の単なる始まりだと思うのです。つまり、唯一の中心などというものはなくて、あるのは、新たな、混沌とした、危機的で多極的な状況です。この現実が顕在化したのです。

ある意味で、現実が姿を現し続けているのだと思います。私は「ネステッド・クライシス」という考え方はそういうものだと見ています。厳密に言って、これらの危機を乗り越えるために、世界政府のような新たな支配の中心を作るのは不可能です。そんなわけにはいきません。まあ、もともと、世界政府を作るなどということ自体が不可能な夢だと思いますが。万一、そんな方向へと事態が動き出したなら、独裁体制になるのか民主主義的な体制になるのか、永遠に終わらない論争が生まれることでしょう。

たとえ世界政府が、人間の問題を解決する世界的独裁政権という形でできたとしても、非常に複雑な現実が待っています。八〇億人の行動を、いったい誰が、どのように管理するというのでしょう？　そんなことは想像もできない「偉業」です。その意味で、私がここではっきり主張しておきたいのは、複雑な現実の顕在化が進んでも、その状況を収めるために個人や集団にできることは、根本的には何もないということです。収めるなどということは不可能です。私たちは危機的状況の展開を目の当たりにしても、それがどうなるのかについては、わからないのです。

私は終末論的な思想を持ってはいません。こうした危機が「世界の終わり」などに必ずしも繋がるとは思っていません。物事がどこへ進むのかはわからないのです。

重要なのは、繰り返しますが、誰にもわからないということです。

大国・中国の「権威主義」が抱える矛盾

――興味深いですね。パンデミックの最中にはあなたにリモートでインタビューしました。三年前のことでしたね。

あなたはボンにいて、中国のコロナ対策について話されていました。ある意味、あなたは中国のやり方を脅威としつつも、当時一定の評価もしているように感じました。そしてあなたは中国の対処方法から何を学ぶべきか、私たちは話し合うべきだともおっしゃいました。覚えてらっしゃるでしょうか？　あのトピックに関しては、今どのようにお考えでしょう？

中国の場合は、実施された対策によって、より権威主義的になったことが、私たちにははっきりと見て取れました。より多様で強力な管理形態を導入する手法がとられたのです。中国が行ったことはまさに他のどの国でも起こり得ると、人々は恐れました。その一方で注目したいのは、ドイツでパンデミックがどのように終息したかということです。それは、「社会的に」終息しました。

ごく最近まで、特にどの時点でも「パンデミックの終息」を宣言した人はいませんでした。仮にパンデミックが実際は既に終息していたとしても、誰も「終わった」と言いたがりませんでした。ドイツも、パンデミックが終わったとは言いたがりませんでした。明らかに終息した時点になって初めて、「これでパンデミックは終わった」と言ったのです。

それは、実際に終息したずっと後、何か月も後のことでした。ドイツの状況下ではそのことがとても大事だったのです。それが、私たちがとても民主主義的な解決策だと考えていた方法でした。しばらくの間は、パンデミックがまだ続いているということにして過ごしていたのです。実際は既に終息していたとしても、ね。

つまり結果として、政治的なウソや幻想、イデオロギーも民主主義の一部となることが往々にしてあるわけで、それはそれでいいのです。これは民主主義を批判しているのではありません。私はただ、それが政治であり民主主義でもあると言っているのです。民主主義の定義は、「ある社会の構成員の意志を情報収集するための方法」であり、それ以上でもそれ以下でもありません。以前お答えした通りです（丸山俊一・NHK「欲望の民主主義」制作班『欲望の民主主義――分断を越える哲学』幻冬舎新書）。

そうした多くの民主主義国の対応とは一線を画した中国のあり方、対処の仕方は、非常に興味深いものでした。パンデミックの終息に向けての対応においても、突然の宣言などによって社会的なパラドックスを生んだということもあります。中国は、コロナ対策に象徴的に表れたように、ここ数年でより権威主義的になり、かつ自身の力をさらに認識して自国の路線について自信を深めていました。その一方、厳しい規制に基づいたコロナ対策に反対する人たちですら、習近平による突然の終息宣言に対しては戸惑いを禁じ得ず、これを支持する人々はわずかしかいなかったのです。

この矛盾は、とても興味深いものでした。中国は、パンデミックで人々の健康を守るという意味での人権への配慮については、自身がどの国よりも優れていると、常に主張していたわけです。しかし同時に、中国が国民を統制している点には触れていませんでした。実際には、厳し過ぎるロックダウンもあったし、かなり強いコントロールを行っていたと思います。食糧危機などもありましたよね。十何億の、多くの中国の人々にとって、それは完全に悪夢のようなシナリオでした。パンデミックで他の国ではほとんど見られなかったような、あるレベルの悪夢が生まれたのです。

その時、そこで常に主張されていたのは、「私たちは西洋諸国よりも国民の人権を守っている」ということでした。「彼らは民主主義のために国民を死なせている」と、中国は主張していたわけです。ところが、突然ある日を境に、非常に高いレベルの免疫を国民が獲得できたわけでもないのに、習近平によって「コロナはただのインフルエンザのようなものだ」という宣言がなされたのです。

彼は、誰もが何年も言うのをはばかっていたことを、突然宣言したのです。もしあなたが「コロナはただのインフルエンザと同じだ」と言ったなら、あなたはウイルスを否定していることになるのです。ある意味、気候危機を認めないことよりも問題ある発言かもしれません。ところが、そうしたあまりにも科学的な知見とは無縁の主張が、ある日を境に突然なされたのです。そしてその結果、非常に多くの人々が亡くなることにもなってしまいました。

その被害者の数は、誰も知りません。知る由もありません。こうした事態そのものが、興味深い矛盾でした。抗議の声も生まれましたが、ほどなくかき消されていってしまいました。

こうした一連の流れ、パンデミックをめぐる動きが、中国で進行している、さらなる権威主義化を表していると言えるでしょう。なぜなら中国では、ただ一人のみがパンデミックの始まりを宣言できるのです。そして、どんな厳しい対策でも正当化されて、同様にパンデミックの終息もまた、ただ一人によって宣言されてしまう。そして国民を死なせてしまうのです。これがまさに、現在の中国の新たな側面だと言えるでしょう。

そして私たちがこれから考えなければならないのは、もう一つの大国、インドの存在です。インドの社会については、多くの人々が見てきたどの国のどの社会よりも複雑であると認識することから始めねばなりません。

存在感を増すインドという大きな存在

――では、今度はインドについて聞かせていただけますか？　あなたはインドのどのような点に注目していらっしゃるのでしょう？

人口に関しても、インドが中国を追い抜いたところですよね？　今日《こんにち》では、この地球上にあって、中国人よりインド人の方が多いのです。そして、インド経済には独特の活気があります。他とは異なる経済の形です。インドの経済には、他の文化圏とは異なる独特な基準、価値観があるように見えるのです。

たとえば、ある場所で「貧困」と考えられることが、他の場所では「力強い」と捉えられることがあります。物事は、単に見た目だけでは判断できないことがあるのです。たとえば今回のウクライナ侵攻を知った時、ロシアの経済状況を考えたならば、かつての大国もこの戦争には長くは持ちこたえられないだろうと、私たちの多くが考えました。しかし現実は違いましたね。ロシアにはロシアの経済の基準が存在するのです。こうしたものの見方で、インドのことも考えてみることが重要です。

思うに、インドに関して特に興味深いのは、インドで行われている社会経済的な取引の基準が、少なくとも西欧的な論理からは外れ、多くの人々にとって理解し難いものになっているということです。現在インドで行われている、さまざまな経済活動に関するビッグデータ収集のスケールを考えてみてください。

インドは急速に、ＡＩやデータ市場にも参入しています。特に決済システムに関して、その発展は著しいものがあります。彼らはこれまでと異なるタイプの基準の経済を、誰も実際に観測できないような速度で生み出すことによって、経済のパフォーマンスを実現しています。それはまるで途方もなく巨大な出来事のようにただ生起していて、人々はここから莫大な利益を生み出しているのです。

こういった異なるタイプの経済は、私たちが当然だと思っていた国際基準に照らせば機能しないはずのものと見えるかもしれません。たとえばＧＤＰ。私たちは経済をＧＤＰやその他のジニ係数などの因子を使って測ります。そして、だいたい何が起きているかわかったと考えてしまいがちです。しかし、お金などの経済的資源の使い方は、実はその地域の文化によって異なるのです。

私は、多くの人が中国を理解していないように、インドもまた理解している人が少ないのだろうと思います。インドは中国よりもさらに複雑です。インドには地域ごとに、よりさまざまな文化がありますからね。インドは文化的に中国よりももっと多様な国です。私たち外部の人間が考えているよりも、中国もインドもずっと多様なのです。

こうした文脈にあって、インドが独特な点について、これから述べる事実をよく考えてみてほしいと思います。哲学者にとってはこの点を強調するのが非常に重要だと思うポイントです。

インドには一〇億人以上のヒンドゥー教徒がいます。ヒンドゥー教徒は何を信じているのでしょう? 彼らは、自分たちは永遠に続く「輪廻転生《りんねてんしょう》」の一部であると信じています。輪廻転生により、今生《こんじょう》での社会的役割が決まっていると考えているのです。それがカースト制度です。独特な信仰を持った一〇〇人程度の小さな宗派の話などではありません。一〇億人以上の巨大な集団を支える文化の背景にある、深いものの見方、考え方の違いの話をしているのです。

地球上の他の場所にも、もちろん同様のことが見受けられますが、インドは特に、そのベースのある文化、思考のユニークさが際立っています。なぜならインドのほとんどの人々が、私がこれからお話しする、スタンダードな近代の話、近代の価値観を信じてはいないからです。人間はどこでもないところから生まれて、そしてどこにもいなくなる。それでも世界は回り続ける。こうした、近代科学にあっては標準的な「近代の物語」を信じてはいない、というわけです。

「近代的なニヒリズム」という特殊な二〇〇年が終わる時

科学と相性のいい近代の物語や思考のあり方は、「近代的なニヒリズム」と名づけることもできるでしょう。「近代的なニヒリズム」とは、わかりやすく単純化して表現するなら、「私はあそこにいた、今ここにいて、もうあそこにはいない」という思考だと言えるかもしれません。

つまり、個としての生物学的な生死のみが、すべてなのです。私はこの考え方が疑わしいとは思ってはいません。来世とはどんなものか？　前世とまったく同じ、無です。前世も来世もありません。この考え方に異論はありません。その間、自分以外の世界は回り続けているのです。ある意味、科学的な常識です。しかし、それにしても、この「近代的なニヒリズム」が真実であると、私たちは本当にわかっているのでしょうか？

実際、私たちは今ここでインドの一〇億の人々の信仰と、地球上のその他の多くの地域における信念の体系との相違について、話をしています。今日では、さまざまな場で、その地域固有の知識に関する大論争が起きているのです。世界には、こうしたさまざまな知識のシステム、文化的に異なった認識の仕方があることを知っている私たちは、今なぜ、「近代的なニヒリズム」が人生の明白な事実だと、そこまで確信を持って主張することができるのでしょうか？

こうしてフラットに考えてみれば、「近代的なニヒリズム」が近代経済学の思考のベースとなっていることも理解できるでしょう。そして私たちの多くは、近代経済学によって、経済を理解しています。しかしもし、そのニヒリズムがほんの二〇〇年ほど前に現れた、単なる一地方の信念の体系に過ぎず、誤っている可能性さえあるとしたらどうでしょう？それが地球上に、ひとまずは真理のように扱われて広がったわけですが、その見方だけでは理解できない事象があるとしたら？　そしてもし、インド経済が成長しており、アフリカにも成長の兆しが見えるとしたら、なぜ私たちは、無邪気に「近代」なるものが続くと信じていられるのでしょうか?

　先日、ケンブリッジ大学出版局の編集者に「私たちは今直面している人類の危機を解決できますか?」と聞かれました。また、「あなたは今も楽観主義ですか?」ともね。私は、「今も楽観的です」と答えました。そして同時に、「私は、ローマ時代から私たちが文明と呼んでいるものは終わりを迎えるとも考えています」と付け加えました。

　文明が終わるとは、すべてが核戦争で燃えてしまうという意味ではありません。「文明の終わり」は文明的な行為ではないのです。この点を文明は理解できていません。文明を終わらせる唯一の方法は、ハリウッド映画の終幕のようなものではないのです。

　実は、人間の意識の変化によって、文明というものは終わりを迎えるのです。環境保護運動は、既にその素晴らしい例を示していると言えるでしょう。

中国とインドという二つの大きな思想潮流の衝突

　たとえば、ここ数年、私が交流を持っているラテンアメリカのある先住民コミュニティは、ほぼ間違いなく、ドイツ国民をはじめ西欧諸国の人々のものの考え方に多大なる影響を与え、環境意識の向上に大いに貢献しています。

彼らが単に「私たちは自然の一部でした！」と言って政治運動的な主張を行ったわけではありません。実際には何が起きたかというと、地球中の先住民コミュニティ、特にラテンアメリカとインドの先住民コミュニティの人々が、「この世のすべてが近代的なニヒリズムによって成立していたわけではない」ということを、私たちに気づかせるような行動を始めたのです。彼らの文化における自然な思考や行動が、ドイツ国民の心を動かしています。ドイツの「緑の党」の党員が集まって環境危機について必死に考え、人間が自然の一部であると気づいて、それをニュースとして拡散した、というわけではないのです。こうしたことを一例として、私はインドを宗教上の超大国と見ているのです。

このインドの思想的な力とも言うべき側面には、実に目を瞠《みは》るものがあります。そしてこの側面が、遅かれ早かれ、中国との興味深い対立へと繋がっていくことでしょう。今後二〇年ほどの間に必ず対立が起きると私は考えています。そこには大きな断層、亀裂があります。一方には、道教や仏教、インドの思想まで含めてさまざまな国々に影響を及ぼした超大国・中国の存在があり、もう一方の大国・インドは日本を含むアジア全体にとってのソフトウェアの要素も持っているのです。

ところで、アジアには他の側面もあります。たとえば中国のマルクス主義です。ご存知の通り、中国は今でも公式には共産主義の国です。そしてマルクス主義とは「近代的なニヒリズム」の一形態であり、ドイツの誤った思想の一つだったという言い方もできるでしょう。その意味において、マルクス主義者は、近代的なニヒリストたちと、同じ話を展開します。あなたはそこに存在していなかったが、存在するようになり、働き、生を満喫して、そして死ぬ、と。生物学的な自然主義に基づく生命観による人生の捉え方、それがマルクス主義の考え方、マルクス主義者の基本的な世界観です。私はこのマルクス主義者の世界観は間違っていると思います。しかし、強力な説であることは確かですね。

いずれにせよ、私たちは今日の重要な局面では、GDPなどではなく世界観という認識の力のレンズを通して、インドと中国を見なければなりません。なぜなら、とても貧しいように見えるインドの人が、私には到底得られないような心の豊かさを持っているかもしれないからです。そもそも、私が正しいなどとなぜ言い切れるのでしょう？「私はあなたより裕福だ」と私は思うかもしれません。「私はシャンパンを飲むけれどもあなたは飲まない」とね。でも実はその人は、私が本でしか知らないような精神生活を、本など読まなくても、手に入れられているかもしれないのです。

それにしても、なぜでしょう？　なぜ私は、私の銀行口座の番号を大事と考えるのでしょう？　なぜ、彼らが持っていないかもしれない銀行口座の番号を知る方法が、重要な経済的要素だと考えるのでしょうか？　なぜ私はそう信じるのでしょう？

つまり、私たちが目の当たりにしているとても大きな変化の一つは、まさに文明のゆっくりとした死だと思うのです。文明とは特定の「共存の形態」なのです。良い生活を送るための唯一の方法ではありません。文明とはある時代にローマ人が考えついたものに過ぎない、ある特定の方法による物事の理解の仕方なのです。

言い換えるなら、それは帝国のやり方です。文明とは帝国なのです。そして、ここで私たちが考えるべき問題はもう一つ。「中国は文明か？」ということです。もちろん中国には、連綿と続く思考の様式があり、壮大な文化の歴史があります。しかし、西欧の文脈で言うところの「文明」という言葉で捉えてしまうと見誤りかねない、異なる何ものか、なのかもしれません。地球に共生する文化様式、その異なる思想の方法がそこにあるのかもしれないのです。

「資本主義」の本質はコンクリートではなく水

——面白いですね。では、資本主義には何が起こっているのでしょう？

ええ、そのことに関してちょうど今、日本市場のために、倫理資本主義に関する本を準備している最中です。そのこともあって、最近は資本主義についてもいろいろと考えます。資本主義とはそもそも何なのか、その原点の定義から考え直し、現状を注意深く観察しています。さまざまな経済学の入門書などをあらためて読んでみて、その定義を私なりにまとめてみますと、資本主義の条件とは、次に述べるようなものになります。

第一に生産手段の私有です。たとえば誰かがビールの生産工場を所有し、その工場内の機械も所有しているとします。法的な枠組みに従って労働者を雇用し、その労働者たちにビールを生産させているとします。それが第一の条件、生産手段の私有ですね。国有でも共有でもありません。日本でビールを作る場合、すべての日本人が、すべての日本のビール会社を何らかの形で共有するというシナリオも想像できますよね？　しかし、それは資本主義の様式ではないということです。あくまで生産手段が私有されるのが、資本主義の第一の特徴です。

第二は契約の自由です。労働者は自らの契約内容を交渉できるのです。原則として賃金はいくらであっても可能で、社会保障制度による一定の考慮を除けば、賃金を管理する者は、そこにいません。そこには契約の自由があるのです。

そして第三の特徴は市場の自由、自由市場です。その意味するところは、経済的な取引、つまり主体間のモノや価値の取引が、より高次の力によっては管理されないということです。これら三つが資本主義の条件です。これが、基本的に経済学者が説明する資本主義で、教科書的な説明ということになります。

さて、人によっては、特に資本主義を論評する人々は、これに加えて、資本主義は社会全体を網羅するシステムを形成していると考えています。たとえば封建社会や共産主義社会の対極にあるのが資本主義社会だという定義です。しかしそれは、より厳密に考えてみれば思い違いだと気づくことでしょう。なぜなら、私に言わせれば、資本主義社会など存在しないからです。私自身、最近気がついたのですが、資本主義とはより無政府状態に近いものだからです。無政府主義的なシステムで、いかなる調和も見られない社会なのです。資本主義はコンクリートというよりも水のようなものです。常に流れて動いています。これが、経済学の世界で名を残すヨーゼフ・シュンペーターが「創造的破壊」と呼び、多くの人々に知られるようになったことと深く関係しています。

そのことに加えて申し添えれば、近年、ある経済学者が「資本主義は生産手段の私有という第一の条件を満たすものと見なされるべきではない」と論じました。その理由の一つは、多くの企業が何も所有せずに、多くをアウトソーシングしているからです。Facebook（現Meta）もそうです。彼らをはじめ多くのソフトウェア企業などは、生産手段や世界中のサービスなどを所有するという形をとってはいないのです。第一の条件は、こうした彼らビッグテックなどのビジネススタイルを完全に表してはいません。さらにもうひと言、そこに付け加えるなら、オックスフォード大学のコリン・メイヤーらが主張する「パーパス経営」のように、企業をむしろ、倫理的な側面も含めて、問題解決能力がある組織と考えるべきだという動きも出てきています。

資本主義は意識と世界観とともに成立する――中国の「道教的資本主義」？

問題解決する組織とは、たとえばビール会社もそうです。私がビールを欲しければ、企業がその問題に対して、私にビールを与えることで解決してくれる。誰かがビールを運んできてくれて、誰かがビールを生産してくれて、誰かがビールを生産する工場を造ってくれる。皆が、自分以外の皆の問題を解決しているのです。

つまりこれは相互扶助のシステムです。もしこれが正しければ、私たちは、人々が批判する資本主義の破壊力は、単にその効率性の結果だと理解できます。社会経済活動を管理しないことにより社会経済活動をまとめる、単なる最適な方法です。つまり資本主義は生き生きした自由なものなのです。だからこそ資本主義と自由主義は一般に絡み合っているのです。

このシステムの欠如、資本主義の「カオス」が、資本主義を終わらせられない理由の一つです。終わらせるにしても、どこから手をつけていいか、わからないのです。

生産手段を国有化して、なんとかその私有をやめさせても、何も終わらせることはできず、単に貧困を生み出してしまうだけなのです。これは良い解決法とは言えませんよね。

ですから問題は、どのようにすれば資本主義の欠点を乗り越えられるか、なのです。すると当然、私有でも国有でもない「共有」、複数者による所有という案が出てくることでしょう。おそらくそれも、一つのいい方法なのかもしれません。モノを社会化するのです。これも将来の社会の姿かもしれません。生産手段の私有を減らすわけです。

しかし、ここが重要なのですが、そのことによって環境危機などが終わるというわけではありません。単に、より正しい、可能性のある方向へと繋がるだけなのです。私の資本主義についての最近の考えは、それは重要かつ複雑なテーマだというものです。なぜなら、資本主義自体がまとまっていないからです。

資本主義とは不均一に流れ、動くシステムです。だからこそ中国は見事にその一部となることができたのでしょう。中国は何千年も前から、うまく変化に対応してきたからです。中国は……中国の主流の考え方は、道教や儒教などの思想になりました。その本質は変化の思想なのです。

「道可道非常道」、すなわち「道の道とすべきは、常の道に非ず」です。一般に守るべき道と考えられている道は、恒常不変の「道」ではない――これが『老子道徳経』の冒頭に老子が唱えた言葉です。私はその言葉を、激しい変化への適応力を表明しているものと読みました。そこに安定などないのです。

安定という考え方そのものが幻想なのです。安定したものがあるなどと考えるなら、もしあなたが現実をそのように感じていたなら、それは誤りです。変化、変化、また変化。心の状態も変化するし、外の世界も変化する。すべてが変化すると考えていたならば、当然、資本主義の環境に適応するのも、とてつもなく巧みなはずですよね。なぜなら、流れに乗るという能力に長《た》けていることにもなるからです。

それが今の中国の成功の理由の一部だと私は考えています。それに、欧米の資本主義が

いまだに　安定の獲得、今日の言葉で言えば「持続可能性」という考え方を前提にしている一方で、おそらく今日、超大国の中国は持続可能性など気にもかけていないのかもしれません。ただ環境を破壊したいからではなく、どうやってもすべては変わりゆくと知っている、その世界観が根底にあるのですから。

ひと言でまとめておきましょう。資本主義自体は、富を生産する、あるいは剰余価値を生み出す、単なる中立的で生き生きと変化する不均一な様式なのです。すべては、人々が資本主義の流れに入り込む際に持つ世界観によるのです。私たちは資本主義を、私たちの意識を支配するシステムと捉えずに、それについて話す際には、自身の世界観を話に組み込まなければなりません。資本主義が私たちを支配するのではなく、私たちの意識が資本主義を支配すべきなのです。

中国とは似て非なる日「本」特有の「本」質

――日本には「諸行無常」という言葉があります。諸行無常とはすべては変化するという意味です。今のお話に近しい概念として、ふと、思い出しました。

ええ。日本はもちろん、中国と似たような知的ソフトに基づいて動いていますよね？　その昔は中国的ではない固有の伝統がありましたが、当然、ソフトや遺伝子が歴史のある時点で、中国からやってきました。それが日本の土着の文化、コミュニティと出会った結果、今があるのですよね。ですから当然、日本には中国とは似通った部分もありますよね。そのことが、日本が近代化にとても効率的に適応できた理由の一つなのかもしれません。

変化についての考え方は日本でも非常に強力です。しかし同時に、日本が中国と異なってユニークなのは――これが言わば日本の西洋的要素なのですが――日本は、変化だけでなく「安定」も得ようとしたのですね。昨日、中国の言葉と日本の漢字について話をしている時に、あらためてそのことに気づきました。

日本という国名の中には、「本」という漢字が入っていますよね？　その漢字自体にも意味があるように、私には思えます。「本」は「本質」という言葉にも使われる漢字ですよね？　日本は動いているにもかかわらず、同時に「本質」の感覚があるのです。そこには、明確なカット＝「切断」があるのです。そして目に見えない明確な「切断」が、動きの中にあって確固たる仕組みを作り出しています。

その「切断」自体が動きの一部です。「切断」は古代ギリシャの思想にあった「不変の本質」とは異なります。あるいは、キリスト教徒が信じている「永遠の魂」とも異なります。単なる「切断」なのです。しかし、それにもかかわらず、その「切断」が、物事をしばらくのあいだ留めておくのに効果的な役割を果たすのです。

こうして見てくると、近代映画の一つのスタイルは日本で生まれるべくして生まれたという言い方もできそうですね。「切断」があったからこそ生まれたのだと。こうしたものの見方をさまざまな文化にあてはめてみると、いろいろな日本文化の本質が見えてきます。日本食、日本映画、日本での社会的な交流の形、日本語の構文など、さまざまな事象に関連しています。

しかし、この「切断」が興味深いのは、ある種の「流れ」も孕《はら》んでいる点です。すべては「流れ」ているのですが、「流れ」の中にあるのが「切断」なのです。それが、日本と中国の大きな違いになっているというのが、私の見方です。中国には、「切断」は見受けられません。

食について考えてみればさらによくわかるかもしれません。中国はより多くのソースを使うという事実を考えてみてください。明確な「切断」がないのです。中国に明確な「切断」があるものは一つとしてないのです。しかし、日本ではすべてに明確な「切断」があります。すべてにおいてです。つまりそれが変化に対する反応の一種なのです。

ですが、それは安定を得たいという欲求とは異なります。それが動機ではないのです。「切断」によって安定を得ようとする欲求は、より西洋的なものです。古代ギリシャの時代から、ヨーロッパでは永遠に建ち続ける寺院の建設が望まれました。明日は何かが変わるというまさにその考え方が、私たちをすっかり狼狽《ろうばい》させたのです。こうした文脈において、アリストテレスは物理学を考え出したのです。アリストテレスは、変化の中でも何が安定しているのかを知りたかったのです。その答えが物理学だったというわけです。物理とは、「変化の中で何が安定しているのか？」という問いへの答え以外の何ものでもありません。

ヨーロッパで、私たちの先祖は変化の中の安定を求めていました。変化は悪で安定が善。古代ギリシャ時代から、大きく歴史の潮流を捉えたならば、私たちは永遠を求めているという言い方ができるでしょう。日本は永遠を求めてはいません。日本は変化することを知った上で、同時に、

「『切断』によって安定を得ようとする欲求は、より西洋的なものです」

明確な「切断」を求めているのです。

日本社会に潜在する「抑圧」の形

――私たち撮影クルーは、今日の日本国内のさまざまな問題についても、あなたにもっと理解していただこうという話をしていました。たとえば、「幸福度ランキング」では、日本は先進国の中でかなり低い位置にある国の一つです。「報道の自由度ランキング」は七一位です。「ひきこもり」は……、「ひきこもり」はご存知ですか？　社会に出ることを拒否している人々で、家にいる……。

はい、わかります。

――英語では、Shut-in ですかね。社会から離脱しようとしている人々という言い方もできるかもしれません。国内に一五〇万人にも及ぶと推定されています。

そんなにたくさん？

――若者に限らず、五〇代や六〇代の引きこもりも増加しているようです。そして、自殺率もとても高いのです。ご存知かどうかわかりませんが、最近の日本では治安の悪化も懸念されています。単純化し過ぎたくはありませんが、もしかしたらあなたは、日本の問題について、ある核心部分を突いたのかもしれません。もともとは変化してきた民族ですが、安定志向が強くなったのか、今は変化を恐れているのかもしれません。そしてこうした問題に対して、皆が見て見ぬふりをしている傾向もあるように私自身は感じます。

こうした日本の側面に関して理解できますか？　あるいは今でも外からの視点にとどまっている感覚でしょうか？　これが質問です。

素晴らしい質問です。わかっているのは、私が「切断」と呼ぶものが、現在の日本社会には基本的に存在していることで、当然、それは大きな形態の心理的、そして一般的な暴力の両方に繋がりかねない、ということです。昨年は元首相が殺害される事件がありましたよね。こうした社会的に重大な事件に関しても、ある意味で十分な議論が交わされていないように、私の眼には映ります。

こうした事件について一般的に言えるのは、ある種の潔癖性に対する異議申し立てであり、暴力の噴出であるということです。ある場に存在している、疑わしいまでに完璧な空気、そしてその疑わしいほどの完璧さこその反動が、まさに極端な形の暴力となって現れるように、私には思えます。それは、変化への抵抗も意味しているのかもしれません。そこでは、風通しの良い空間が消失しているのではないでしょうか?

私たちは昨日のフォーラムで、その件に関連して話し合いました。私は、私が「倫理資本主義」と呼ぶものの一部として、哲学と、ボトムアップの方法と、変化を呼び起こすための提案について話をしました。しかし、日本のパネラーの皆さんは、このテーマについて、「哲学」「ボトムアップ」「変化」この三つは、日本では機能しない概念だという意見を持っているようでした。

彼らの意見はこうです。「あなたが提唱する、価値観によって動く資本主義の形の、前提となるであろうその三つの要素は、日本で実現するのは難しい類《たぐ》いのものだ」。すなわち、「哲学」はまだ多少可能性があるかもしれないが、「ボトムアップ」はあり得ず、「変化」についても諦めた方がいい、と言うのです。

この意見が本当であれば、日本は最も保守的な社会の一つであると言わざるを得ません。そしてトップダウンやヒエラルキーに苦しめられることを考えたならば、そこには耐え難いものがあるに違いありません。もしその社会構造に完全に埋め込まれていたら、そしてもし、完全に内側からそれを見るしかない立場にいたとしたら、社会のあらゆる局面においてトップダウンの圧力を感じることが想像されます。「上」からのトップダウンの圧力を感じるだけではなく、その上、そのまた上、そのまた上……からのトップダウンの圧力も、心理的に感じるような状況になるでしょう。つまり支配の連鎖が、おそらくは心に突き刺さってくることになるでしょう。

日本的ヒエラルキーの中での「読心術」の功罪

こうした心理的な圧力は、今までのこの番組シリーズでもしばしば取り上げてきた、日本社会特有のスキルとも関わります。高度なレベルでお互いの心を読み取る、日本的な「読心術」です。

日本の多くの人々は、ほぼ動きのない中でも他人の心を読んでいるように私には見えます。もちろん、それは日本社会だけの現象ではありません。そうした「読心術」にもさまざまな形態があります。たとえば、神経質で騒々しいと感じられるイタリア流の「読心術」もありますよね。一見、彼らが心を読んでいるようには見えません。彼らは自分が大好きなんだろうと私などはつい思ってしまいますが、実は彼らは、こちらの心を読んでいるのです。あなたの周りを動き回って、あなたの心を読むのです。さまざまな方向からズームインして心を読んでいるのです。ただ、彼らは自分が大好きであるように見えてしまうだけです。

こうした文化に対して、日本人の場合は、ほぼ動かず、しかし、常に他人の心を読もうとしているように見えます。社会の流れ全体をも読もうとしているのです。問題は、一億二〇〇〇万以上の人々が、厳しい、固定的なヒエラルキーの中で、日々お互いに心を読み合っていたならば当然、おそらくどうやっても、上の目から、心理的な抑圧から、逃れることはできなくなってしまうだろうということです。

こうしたことを繰り返していたら、どこにも逃げ場がなくなってしまうことでしょう。つまり「従属の連鎖」にもおそらくは明確な「切断」があって、そこに労働倫理の問題も加わってきます。一日の間に数分間は、「上」の存在が頭から消える時間もあるかもしれませんが、そんなレベルでは真に自由とは言えません。二〇分とか、そんな短い間だけ、せめて自由に精神的に動ける余地を手に入れようとすることができるかもしれませんが、それだけになってしまいそうです。これが、皆さんをどこかで苦しめている感覚の一つではないかと、私は推測します。

「従属の連鎖」からすべてが吊り下がっていて、それがニュートンの重力のように働くのです。(二〇世紀以降に発展した)量子力学の世界観に、まだ更新されていないのです。そして、そこに出口はありません。仕事を辞めて転職しても仕方ありません。なぜならその抑圧の力学は変わらないからです。一方に確固たるヒエラルキーを持つ企業があって、他方に風通しの良い自由な企業があって、後者のような開放的な職場を探せばいい、という状況ではないように私には見えるのです。残念ながら、開放的で先進的な企業などあまり想像がつきません。仮にそうした組織があったとしても、日本では、率直に言って成功は難しいのではないでしょうか? そうした意味においては、日本では、成功した資本主義社会に付随する形で典型的な精神的暴力が、労働者の心にまだ乱暴を働いているのではないかと、想像できます。

なぜなら、ここには厳しい命令系統があるからです。これは私には容易に想像できることです。日本滞在中に私がこれによって苦しめられることはありません。むしろ私は旅行者として、そのメリットをただ享受できる身です。そのことには、膨大な富の生産と清潔さ、完全さというメリットがあるのです。それはさまざまなサービスに具現化されています。異邦人として日本を経験する分には、良い面しか見えません。日本社会の悪い面を実感することはないのです。

例を挙げましょう。昨日、今回の仕事の場で私をアシストしてくれたあるスタッフが近づいてきて、私の役に立てたことに対して心からお礼を言いたい、と言ってきました。「私はあなたの役に立ててうれしい、ありがとう」とね。

私はその発言を興味深く、素晴らしいと感じつつも、複雑な気分で聞いたものです。もしこの発言をドイツの社会的状況の中に置いた場合、誰かが私の役に立てたことに対してお礼を言ってきたとしたら、私は衝撃を受けることでしょう。「この社会はいったいどうなっているのだろう?」とね。具体的には、「発言の意味がわからない」とか、「親か上司かに言わされているのだろうか?」と、さまざまな精神的な背景の可能性を考えたくなってしまいます。そして、その人物に何が起きているのか、詳しく説明してほしくなってしまうことでしょう。

しかし今回のケースでは、そのスタッフは、心の底から感謝の念を表明していたのです。その考え方自体が、私にはとても不思議なものに感じられました。その言葉の意味は、ドイツ社会で同じ言葉が意味する感謝とは、まったく異なるニュアンスを持つものでしょう。しかし、それでも、それらの言葉の意味するところは、ある意味「文字通り」ではあるのです。

私は観察者の視点を持っています。しばしば日本の方と仕事の上での些末なやりとりをすることがあるのですが、その際、残念ながら日本の多くの方々は、常に非常に無礼で攻撃的で、ルールに支配されているように感じます。日本からのメールに五時間返事をしなければ、代わりに大量のメールが送られてきます。五時間、待ってもらえないのです。「メール には即返信」という文化があるのでしょうか?

これについてはもちろん、日本の皆さんに謝っていただく必要はありません。単なる文化の違いです。文化が違うのです。そのことを私は楽しめる立場だからいいのです。私は、皆さんの部下でもありませんしね。しかし、そのメールの向こう側が想像できるのです。

このスピードで完全なコミュニケーションを求める心理は、いったいどんなものなのでしょう? こうしたやりとりを、かつてこの番組で私は「精神的空手ゲーム」などと呼んでみましたが、相手プレイヤーが同じくらい強かったら問題かもしれませんね。さまざまな場で精神力を使えば、日本人は商取引によって社会的な利益を得ることができるかもしれません。しかし、日本では皆が同様に「精神的空手が強い」のだとしたら、そう簡単には相手を倒せませんよね？　日々、大変な精神の戦いが展開されているのだろうと推察してしまいます（笑）。

――ありがとうございます。私たちがおぼろげに感じていたことをあなたが言語化してくださったことを、少し複雑な気持ちで楽しんでいます。おそらく、あなたの意味するところ、おっしゃったことを私たちは「既にわかっていた」のではないかと感じています。しかし同時に、それを変えることができないでいるようにも思えました。

この次のパートでは、日本経済、社会の状況についてもっとお聞きしたいと思います。ありがとうございました。

第二章　一九九〇年代で足踏みする日本

マルクス・ガブリエル
ゲルト・スコベル（作家）
ディレクター：大西　隼
サブ・ディレクター：池田光輝

――世界の情勢から日本の特質へと話が及んできました。現在、経済の状況についても、私たちはあまり良いとは言えず、なかなか好転する材料を見つけることができないでいます。労働者の賃金もさほど改善が見られない中でインフレが進行し、若者世代も苦しんでいます。この状況に関してどう思われますか？

二一世紀に自らを置くことなく、九〇年代で足踏みしている日本

今までよりも今回、日本に来て感じた印象の一つは、一九九〇年代の興味深い時代に来たようだということでした。あの時代の様子はしばしば建築物に見られました。八〇年代と九〇年代の日本の成功は、今も残る建築物に見て取ることができます。

加えて、もちろん、世界に対して日本が持っているソフトパワーの起源は一九八〇年代と九〇年代にあると、私自身実感します。それらは私の日本観を支える要素でもあり、また実際に視覚的に確認することができるものでもありました。しかし今回は、以前感じたよりも強く、そうした要素を感じました。以前よりも日本は「九〇年代的」になっているのではないでしょうか？　これがまさに、大きな問題の一部です。

第二次世界大戦後、日本の資本主義の大きな成功物語のすべては、八〇年代と九〇年代にその頂点に達したと、語ることができるものですよね？　一九六〇年代と七〇年代に西ドイツの資本主義が頂点に達したのと同様だと思います。類似の現象が、異なる年代に起きたのです。そして今回の来日で、以前より、そのことをあらためて実感する場面が多々あったように感じます。おそらく、まさにこの点が、危機なのではないでしょうか？

なぜなら、日本は、まだ自身を、二一世紀に置いていないからです。日本は今でもある

程度、九〇年代の恩恵を享受することができていて、今後も、やはり九〇年代の遺産によって進み続けることでしょう。自身を模倣し、繰り返し始めているのです。たとえば、パンデミックの中にあってのNintendo Switchの人気急上昇。皆がNintendo Switchを購入して遊び、スーパーマリオは映画などになって戻ってきました。これは繰り返しです。もちろん、これ自体は素晴らしいカルチャーではありますが、「新しい」ものとは言い難いように思います。

過去に見たものなのです。日本は再び九〇年代を活用することができますが、同時に、日本は九〇年代を再び偉大な時代にしているように見えるのです。例に出したNintendo Switchも、これまでにないほど素晴らしく、実は私自身も最近、Nintendo Switchで遊んでいます。日本が任天堂を、想像できないほどまで完璧にしたのでしょう。

しかし、それでもやはり、過去の延長上のものであると感じるのです。おそらくそれが、私が「切断」という言葉で表した違和感の一種なのです。私が滞在しているホテルもしかり、ここにある壁もしかり、日本の物だと私たちがわかっている物ですが、一種完成されているのです。

二一世紀には、それだけでは不十分です。なぜなら日本は、新たな提案を掲げて変化の時代に参入するということを、まだやっていないからです。日本は、世界が既に見たものの改良版を掲げて、変化の時代に参入しようとしています。今は、それだけではなく、新しい挑戦をすべき時です。

いま日本に必要な「跳躍」と新たな挑戦

新たな挑戦の兆候が見えないこと、それが今の日本に見られる最も強い不安の正体です。それが経済にも反映されていると私は考えます。「それで十分なのか？」ということなのです。私は、日本は今こそ、ジャンプするべき時だと思います。何か新しいものへと思い切った賭けに出なければならないのです。日本が既にやっていることと結びつけたものでもいいのです。

そこでの私の提案は、当然、「倫理資本主義」です。あるいは私が昨日フォーラムで提案したように、それを「形而上学的資本主義」と呼んでもいいのかもしれません。なぜなら、先ほどもお話ししましたように、「倫理」という言葉は日本ではどうも受け入れられにくいということもあるようですからね。ネーミングだけで抵抗感を持たれてしまうのはもったいないですから、「倫理資本主義」「形而上学的資本主義」、どちらでも結構です、同じことですから。

それは、経済活動よりも心に重点を置いた資本主義だと、まずは理解してください。経済活動を、価値観や思考に基づいたものへと変換していくモデルなのです。日本はその方向へと進んで行くべきです。ソフトパワーのスキルを使ってください。

任天堂モデルはソフトパワーですし、ポケモンなどもソフトパワーの一種です。繰り返しになりますが、こうした心のスキルを使うようにしてください。ただし、それは何か新しいものでなくてはなりません。日本は何が新しいのかを探しているのだと思いますが、その際、日本は発想において、過去に囚われているように見えるのです。過去といっても帝国主義だった時代ではなく、ここ最近の過去、戦後の成功体験などですね。そうした視点から歴史を見直すと、発見があるはずです。これがまさに今、日本に見られるさまざまな現象の説明であり、停滞の原因の一つだと言えるでしょう。

それにもちろん、競争相手もいます。日本には考えられる限り、あまり好ましい存在とは言えない隣国がいくつかありますよね？　ドイツの場合はさしあたってロシアしかいません。しかし日本には、北朝鮮、中国、加えてロシアが隣にいるのです。すべてが日本の隣国なのです。

日本はそれらの国々を避けて、飛ばなければなりません。現在の国際情勢では、これまで以上にデリケートなものがあります。ロシア上空を飛ぶのにも注意が必要な時代ですからね。日本はより孤立したような感覚を持ちやすいのかもしれません。それが日本にとっての、不安と脅威の一部ともなっているのです。そしてこの地域の競争相手たちも、日本に圧力をかけています。

これが、この地域の国々の状況だと思います。そこから抜け出すには何か新しいものがなければなりません。日本の過去の得意分野を単に模倣し続けるだけでは、やはり不十分なのです。何か新しいものを見つけ出さなければなりません。「近代」と向き合った時と同様にです。日本が自国を「近代」化させた時は、それはまったく新しい試みでした。そしてその近代化の力は長い間、持続しました。戦争などの悪い側面もありましたけれどもね。今、人類は、俯瞰の視点で見た時に、総じて新しい段階に足を踏み入れているのだと思います。日本もその段階に足を踏み入れる独自のやり方を見つけ出せばよいのです。

私が推奨するのは、独自の形而上学的、非物質的な源を見つけ出すことです。つまり、まだ眠っている日本人の気質があるとするならば、日本人の気質がどのように二一世紀のイノベーションの構造に貢献できるのか？と考えてみることです。もちろんＡＩへの投資もしていますし、その方面は得意のはずでしょう。ＡＩもテクノロジー分野ですからね。しかし、日本の発展の次のステップには、精神的な、そしてそのための哲学的な側面が必要だと思うのです。そしてそこに、基本的に新たな経済を作り出さねばならないのです。

なぜなら他国もまた皆、それぞれ異なる方法で、新しい経済を作り出そうとしているからです。ヨーロッパなら欧州グリーンディールで緑を増やそうとしています。日本でも「regenerative economy」=「再生型経済」に関する議論が盛んになっていると聞いています。今日では、高層ビルに緑が見られるようになりました。あれが、そうした議論が盛んになっている証拠です。ですが、繰り返しになりますが、新しいものは高層ビル群とは違う、他の物でなければなりません。

ドイツ人にはアクセスできない「レイヤー」とは？

――わかります。

今回ガブリエルさんと一緒に来日し、ご同席くださっているゲルト・スコベルさんも、日本をご覧になってお考えになっていることがあるかと思います。

はい、今回は、ゲルトと一緒に旅ができてよかったです。私たちがこれまでに旅の途中で話し合ったことの多くを、今カメラに向かって話しています。ゲルト・スコベルについて、少し紹介させてください。彼はドイツの重要なジャーナリストであり……私はジャーナリストという言葉があまり好きではありませんので、むしろ作家と紹介してもいいでしょう。「文化の時間」というドイツのテレビ番組があったのですが、ゲルトが作っていた番組です。私が「文化」の一部となったのはそこからでした。

ゲルト：ガブリエルは、あの番組とともに成長しました。私はもう年です。

そう、ゲルトは私にとって、知性における「セサミストリート」のようなものです（笑）。つまり映画や舞台、本などの文化は、私にとってはゲルトの声のように聞こえるのです。そんなわけで、ゲルトは当然、私の無意識の中に存在するのです。今ゲルトは、科学哲学に関するテレビ番組を手掛けています。世界の複雑性について解明しようとするプログラムです。彼は非常に日本に影響されていて、今回は私が、ゲルトを初めて日本に連れてきた人間になることができてとてもうれしく思います。

ゲルト：僕も日本に来られてすごくうれしいよ。

――ゲルトさん、今までのインタビューをお聞きになってきて、あなたはどのように感じていますか？　奇妙ですか？　私たちは日本人で、ガブリエルさんはドイツ人なのに、いま私たちは、日本についての一種の分析と提言を彼から聞いています、私たちはある意味で、まったく違う文化の国に住んでいるにもかかわらずです。

ゲルト：ええ、まったく違いますよね。

――どういうわけか私たちは、異国の方からの意見を聞いてみたいのです。今日の議論、日本の印象など、いかがですか？

ゲルト：私にとって、今回は初めての日本です。もちろん、細かな場面で驚くようなこともありましたが、表面的にはドイツと、そう大きな違いはないと思います。

もし私が日本語を話せてあなたと直接意思疎通ができたら、すごく楽しいでしょうし、多くの類似点があることに気づくでしょうね。私は、日本人のユーモアのセンスと明るさが好きです。ある意味、それは西洋人が求めているものだと思います。皆さんと一緒にいて、今も個人的に大きな違いがあるとは思いません。

より深く入り込めば、そして日本社会で育てば、ガブリエルが言うような「従属の連鎖」を感じることもあるのでしょう。しかし今あなたと会話している限りでは、それは感じません。そんなものがあるかどうかもわからないし、ある意味、そんなものは錯覚だとも思えます。なぜなら直接会話をしたら、「どこにそんなものが?」と思えるからです。

しかし、もしかしたら、表層の下には何かあるのかも……。

今のゲルトの話を受けて、私がかねがね考えていた仮説を一つ思い出しました。私には仮説が一つありますが、これに関して、後で意見をくださるようお願いします。日本人であるあなたが、私のこの説をさらに確認してみてください。

それは、日本にはレイヤーがあるのかもしれないというものです。つまり、西洋像を真似た心のモジュールを作り出すスキルが、日本人には備わっているのです。

なぜそう感じるかと言えば、私たちは、そこまで西洋の面影がない日本人の心の部分にアクセスできないように感じるからです。つまり、日本の多くの皆さんは、「西洋の虚像」を、一つのフィクションとして作り出しているのではないでしょうか。外からの視点を取り入れて、あらゆる現実との接点を持つためにね。

しかし実際、心の底で何が起きているかというと、そこにはＣＩＡの戦略のようなものがありそうなのです。あるシステムを使っているのです。日本人の多くは、真の日本のさまざまな事象が起きている潜水艦に乗っていて、そこからモジュールを出して、何が起きているかを確認します。そのモジュールしか私たちには見えないのです。私たちはそのモジュールに話をしているわけです。そして、潜水艦に乗っている人々は異なるゲームをしているのです。

ゲルト：ああ。それが、私が言いたかったことだ。

――そうですね……。部分的にはそうかもしれませんが、それほど単純ではないかもしれません。もっと複雑なような気がします。

日本にはレイヤーがありモジュールがあるという私の仮説について、あなたならどう説明しますか？　というのは、「西洋」などの複雑な概念にことさら着目して語ることに、私もいつもは賛同しませんが、今回はそれについて話し合うことも意味があるように思えるのです。そして、ある本質的な相違が、その背後に隠されているようにも見えるのです。

二つの側面の関係性について、あなたの見解を教えてください。日本の欧米的な側面と欧米的ではない側面との関係についてです。たとえばあなたの人生経験の中で、この二つは日本人としてどのように統合されているのでしょう？　あなたには非常に欧米的な面がたくさんあります。そしてまったく欧米的ではない部分もたくさんありますよね。そのことを、あなた自身としてはどのように考えているのでしょうか？　その二つの側面を行き来することはとてもたやすいことなのでしょうか？

たとえば、私にも欧米的でない部分がたくさんあります。実は以前、インド人女性と七年間お付き合いしていたことがあり、私はヒンドゥー教の影響を大きく受けています。アジアにも頻繁に行きますから、私の頭の中の多くのことが東洋化されているのです。しかし、それらの要素を異質なものとは感じていません。単に私の一部になっています。あなたもそんな感じなのでしょうか？

――ええ。ただ何というか、日本の東洋的な特質……言わば重力のようなものが非常に強いのだと思います。もしかしたら、言語の複雑さが関係しているのかもしれません。

ええ、それは間違いなく原因の一つですね。確かに、とても重要です。日本人は完璧な欧米らしさを身につけようとしています。欧米的になろうとしているのです。しかし、私は実はむしろどちらかといえば東洋的ですし、そこに面白い逆転が起きているのかもしれません。私はそう感じています。

おそらく言語も一因ですよね。なぜなら、日本語にはすべてが含まれているからです。私の知る限り日本語は最も洗練された言語だと思います。フランス語の明晰さに微妙なニュアンスを掛け合わせ、さらにそれをビジュアルでも表現できるイメージです。そしてそのすべてが、あなたの言う「重力」というものに繋がっているのではないでしょうか。私には、それでも日本人が欧米的になろうと努力しているように見えることが、とても興味深いのです。

うか？

キリスト教はドイツが輸出したソフトウェアか

人は欠けているものにしか気づきません。だから、何が欠けているのか、それが問題だと思います。日本人にはいったい、何が欠けているのでしょう？　宗教などの問題でしょうか？

――日本には、そこまで限定的な、信仰の核となるような宗教はありません。ある意味、日本社会の特徴は、あいまいさだとも言えるのかもしれません。資本主義の優良なプレイヤーかもしれませんが、でも一方では、お金は汚いものだというような、ある種の伝統的な考え方もあります。表面的には、日本人はおそらく現在の社会や経済システムを支持しているようです。しかし、そうしたものに対して、人々の中には根強い不信があると感じることもあります。

私たちにはキリスト教があって、宗教に関してはよく話をします。特にドイツやいわゆる西洋全体で、人々が宗教を否定する傾向があったとしても、単純に真実とは言えないでしょう。だから私はお聞きしたのです。

たとえばドイツ。ドイツは決して非宗教的な国家などではありません。キリスト教民主主義国家です。骨の髄までキリスト教です。前々回の連邦議会選挙の討論会では三人の首相候補者全員、つまりメルケルと他の候補者たちがこう聞かれました――「教会に行きますか?」と。皆が「はい、もちろん!」と答えました。実際、その後は「私はあなたよりも多く教会に行っている」ことを競い合うような討論になってしまったのですが。この質問が出たということ自体が非常に興味深いのです。

私に言わせれば、キリスト教徒の数が膨大だということがあります。それが、世界におけるドイツの国際的な経済力の一因でもあるのです。ドイツは〔かつて宗教改革で〕プロテスタント主義というソフトを作り出してアメリカへ送り、〔カール・マルクスの出身地として〕マルクス主義というソフトを中国へ与えた、という言い方もできるかもしれませんね。世界の歴史における、ドイツからの壮大なアイデアの贈り物です。

そういう意味では、私はドイツの車が好きです(笑)。その他さまざまなハードウェアも。

ゲルト:いろんなテクノロジーも好きだよね。

ええ。それに量子力学と相対性理論ですね。マックス・プランクもハイゼンベルクも、アインシュタインも皆ドイツ生まれですしね。つまりドイツの創造力は何か、ドイツのソフトパワーは何かという話になれば、ドイツが開発したのは近代化のためのソフトだったと言えるのですね、実際問題としてね。

「中心がない」点で共通するガブリエルと日本人

ゲルト：私も少し発言していいでしょうか？　ある意味、日本は複数の事柄を扱うことに長けていると思います。日本はいとも簡単に、スタイルや形態、建築物、思想をミックスします。

そして、あなたがたの問いを私なりに言い換えれば「中心とは何か？」ということになるのでしょうか？　「日本の核は何か」。日本にはそれが欠けていると。禅の視点で考えれば……。妙に聞こえるかもしれませんが、禅の視点で考えれば、「中心などない」のです。これまでも中心はありませんでした。ですから、あなたがたは幻想を模索していることになります。あるのは複数の事柄だけ。それだけなのです。

ゲルトの発言を受けて言えば、それが私の哲学です。時々、私はこう聞かれます。「なぜそんなにしょっちゅう日本に行くんだ？　彼らは君の仕事をどう思っているんだ？」と。こうした問いに対して私は「日本はとてもプラグマティックだ」と答えます。日本には「核」がなく、複数の事柄がある。それは私が「新実在論」で語っていることです。世界は存在せず、唯一の包括的な原理などないのです。

ゲルト：だから彼は道教徒なのです。自覚してないだけです。

――納得です。わかります。

これが私のアジア的な部分です。

――中心や核という概念自体が幻想かもしれませんね。私たちはそういったものを探すという思考の過程自体を楽しんでいるのかもしれません。

「崩壊する帝国」アメリカの抱える大いなる矛盾

――ところで、日本にも大きな影響を与える現在のアメリカの状況をどうご覧になっていますか? SNSによるエコーチェンバー現象などによって深刻な分断が起き、社会的にも政治的にも、状況は悪化しているように見えますが。

ええ。少なくとも二〇一六年以降のアメリカは、混乱が激しさを増していますね。もちろん、その現象の起点となっていたのは、二一世紀の幕開けに起きた、九・一一だったことを忘れてはいけません。

私たちは確かに、今、「帝国の崩壊」を目撃しているように感じます。まだ帝国が終わりを迎えたわけではありませんよ。しかし、今目撃しているのは崩壊する帝国です。次のような分裂した状況が非常に奇妙に見えるのです。

一方では、世代間正義やアメリカの多様性、人種差別の問題が議論され、多くの人々が、カマラ・ハリスがトランプ政権後の副大統領になったことに拍手喝采しました。しかしその一方で、男性であり白人でありキリスト教徒であるバイデン大統領が執務室に座っているのです――しかも大統領としては過去最高齢で。この矛盾を考えてみてください。多くの人々が、言わば進歩的な達成を実感し、安堵の瞬間を迎えるために、カマラ・ハリスに拍手喝采を送っていました。しかし、それはほんの短い間のことでした。

実際、バイデン大統領は大変な高齢です。熱心なキリスト教徒でもあり、そうした属性があまりにも目立つのです。もし彼が、アメリカという地にあって、いまだに根強い人気を持つドナルド・トランプの唯一の代わりだとしたら？　さらにシニカルな言い方になりますが、もし二〇二〇年の大統領選も、皆が高齢の白人男性を非難する風潮の中で起きた皮肉なゲームだったとしたら、そこには、アメリカに起きている根深い問題が表れています。これはアメリカで起きている問題の氷山の一角に過ぎません。

こうした意味において、今、アメリカで大事な何かが崩壊していることが確かに見て取れます。この一〇年間、毎年ニューヨークを年によっては二回以上訪れているのですが、行くたびにそのことを実感します。ニューヨークは今や、どんどんシンガポールに似てきているのです。その固有の特徴をすべて失い、単なるフラットな国際都市の一つになりつつあるように感じます。

驚くことに、その変化はロンドン以上です。新しいタイプの高層ビルなどばかりが立ち並び、ウディ・アレンが愛した、あの地特有の文化が崩壊しているのです。映画を通してウディ・アレンが描いた男女の機微や人々の息づかい、ニューヨークの生活の文化や手触りが、徐々に消失しています。さまざまな側面からの崩壊が進行しているのです。

残念ながら、この傾向は続くと思います。なぜならアメリカはあらゆるレベルで深刻な攻撃を受けているからです。これらはまさに「帝国の崩壊」として私の眼には映りました。もともと、アメリカの政治や社会には構造上の弱点もあります。二大政党制、金権政治、世襲政治、クリントン家にブッシュ家……、それらのさまざまな制度、文化、現象が、民主的な統治を進める際の欠陥だと思います。そして、これらの欠陥のすべてが、九・一一以降に増幅されたのです。つまり私たちは、今でもあのツインタワーの崩壊の進行を、目の当たりにしているのだと言わざるを得ません。

「歴史がない」のではなく「記憶がない」国・アメリカ

あの崩壊が今でも起きているのです。それは、アフガニスタンにおけるタリバンの動向が証明しています。〔アメリカ軍が撤退した二〇二一年八月に〕タリバンが勢力を取り戻したこと、あの現象自体が、いまだに進む崩壊のゲームの終盤なのです。

こう言い換えてもいいでしょう。今アメリカが対峙しているのは、「記憶のある勢力」

です。それに対して、アメリカは記憶するのが特に苦手な国なのです。

だから歴史が薄いのです。実は私たちが思う以上に、実際のアメリカには歴史があるはずです。私たちはしばしば「アメリカは新しい国だ」という言い方をしますが、今となっては、そんなに新しくはありません。私の認識では、コロンブスの「発見」からも五〇〇年の時を刻んできた文化、社会、思潮というものがあります。それは、近代的な国家という枠組みではありませんでしたが、十分、外からの眼差しにあっても認識されていました。それは、イギリスの植民地であった時代にも、十分「歴史がある」と言える、長い年月の積み重ねです。「アメリカには歴史がない」という表現は間違っていると思います。私の言い方が許されるなら、アメリカには「歴史がない」のではなく、「歴史の記憶がない」のです。それは、「歴史がない」のとは、明確に違います。

記憶は即座に消されていきます。アメリカには、あるレベルの変化がいつも起きますが、その変化は、残念ながら記憶のレベルで起きているように見えるのです。だから彼らは、多くの場合、非常に短期的に動くのです。アメリカ社会は、短期的には非常に効率的です。彼らは大きなことを動かし、大金を産業や知的生活、大学などに投入し、物事を非常に迅速に動かすことができます。しかし、長期的に物事を考え、計画する人々に相対することになったら、どうでしょう？

たとえば中国。中国に対する捉え方の一つとして、少々単純化し過ぎた言い方かもしれませんが、少なくとも間違いとは言い切れない表現の仕方があります。古代エジプトがまだ存在すると想像してみてください。今でもファラオのような王が存在するというわけです。ファラオと高層ビルの戦い、このメタファーが、現在の中国とアメリカの状況に重なってきませんか？

ファラオは、この場合、中国です。アメリカがいま大国としてライバル関係にあると思い込んでいる相手が、ファラオだとしたら。最近になってようやくお金儲けを始めたような大勢の愚か者たちなど、ファラオは相手にもしないかもしれません。アメリカが相手にしているのは、五〇〇〇年前からずっと最強だった帝国なのです。この近代のわずか一〇〇年間を除いて、君臨していたのです。

この間、いくつかの国がその弱点につけこもうとしたわけですが、すべて短期間の天下で終わっています。日本が侵攻し、西洋からも侵攻しましたよね。しかし、それはほんの短い期間の話です。その状態からどれだけ早く中国が脱することができたかを考えてみてください。

もちろん、こうした侵攻自体、ましてや植民地化など許されるわけがありませんけれどもね。それは大前提なわけですが、特にこの超然たる存在である帝国への侵略という行為は、歴史意識の欠けた最悪の戦略だったと言うべきでしょう。

歴史における「長いゲーム」の勝者は？

大事なところなので、いま一度、お話ししましょう。古代エジプトの全盛期のような王朝が、近代、そしてこの現代に存在していると、想像してみてください。ほんのわずかな間に、弱体化して生まれた隙を見つけた外部の勢力が、調子に乗って「エジプトを奪ってしまおう」などという行動を起こしたなら、どうなるのか？　王朝の人々は、激怒して侵略者を追い出そうとすることでしょう。

敵に達するかどうかもおぼつかない短い矢を、竜に向けて放ちたいですか？　しかし、それが、歴史において私たちが行ってきたことなのです。ドイツも（一九世紀末に租借《そしゃく》という形で中国に）侵攻しました。今は忘れ去られていますが、私たちも中国を侵略しようとしたことは事実なのです。

中国を植民地にしようとしたのは、ドイツ、イギリス、そしてもちろん日本など、こうした国々が、この一〇〇年ほどの間に、王朝を征圧できると過信しました。このすべての行為を中国は覚えています。

アフガニスタンで起きたことも同じです。タリバンは山に潜んで、アメリカがいなくなるのをじっと待っていたのです。どこかの時点でアメリカは飽きてしまうことを、彼らはよく知っていたのです。彼らは山で粘り強く待っていればよかったというわけです。そして状況を見極め、タイミングを見計らって、谷へと下りてきたのです。彼らが下りていったら、「どこから来た?」と驚かれたわけです。まるでおとぎ話のような話ですが、あえてわかりやすく表現するならば、そういうことです。

そして、彼らが再び谷へと戻った時、それは私にとっても非常に印象深い瞬間でした。なぜならこの時、ようやく九・一一の物語が終わったように実感したからです。二〇〇一年の九月一一日に彼ら〔がかくまったアルカイダ〕は攻撃を開始し、そこから大規模な長いゲームを始め、最終的に、その長いゲームに勝利したと言ってもいいでしょう。アフガニスタンのほとんどの一般市民にとっては、あまり好ましいことだったとは言えないと思いますけれども、ね。

長い歴史的なスパンで見れば、中国も同様に、果てしないゲームを繰り広げていると思います。とても長いゲームです。何千年もの、歴史の記憶とともに行われるゲームです。彼らが道教や儒教などについて語る時は、それははるか昔の遠い記憶ではないことに注意すべきです。私の故郷ドイツで活躍していたローマ人について話す時、私にとってのローマ人という存在は、現代の中国から見た孔子や老子よりもほぼ間違いなくはるかに遠い存在だと言えると思います。

そうしたすべてを考慮に入れた上で、とても飽きっぽくて、記憶に問題があるのではないかと思わざるを得ないアメリカの人々のことを考えたならば、問題は、そんな帝国がいったいいつまで生き残ることができるのかということになります。すべての長く続いている文化――これには、今日さまざまな反撃を試みている土着の文化も含まれていて、ラテンアメリカなどもそうです――が、「逆襲」に転ずる可能性のある時代が、今という時代なのです。

いま一度問いたいと思いますが、こうした状況の中にあって、アメリカのような文明は、果たして生き残ることができるのでしょうか？　先ほど(前章)の、近代文明の終焉にまつわる話で言いたかったことの一つは、このローマ人という存在についてです。なぜなら、今でもアメリカの国会議事堂では、古代ローマのカピトリウム神殿を模した彫像が象徴とされているからです。
つまり多くのローマ神話がアメリカに根付いており、それはまさにこの社会を治める特別な方法としての文明であり、象徴的な概念なのです。そして私は、今これが終わりを迎えるかもしれないと考えています。アメリカは、「文明」の存在が際立ち、実にハイレベルで発現した国です。

アメリカ風を装った中国の「作戦」

今日では物事がより複雑化していると思いますが、五、六年前までは私は、次のような単純化した歴史観を持っていました。近代化を先頭に立って進めたヨーロッパがグローバリゼーションを始めていたわけですが、それが可能となったのは一五世紀に中国の船がちょうど退却したからではないか、と。つまり中国がスペースを空けてくれたからではないかということです。

ちょうどそのスペースにヨーロッパが進出しました。ポルトガル人やスペイン人です。そして彼らは世界各地を植民地化し、そこをヨーロッパ風にしました。全部ではありませんが、かなりの部分をね。彼らはインド、中国など、アメリカ以外の土地にも行って植民地化を進めました。そしてさまざまなものがヨーロッパ風になり始めたのです。そしてそれらの場所、特に北アメリカがヨーロッパ風になることによって、ヨーロッパから自由になりました。アメリカは模倣したのです。ヨーロッパ風に見えたので、アメリカに抵抗勢力が形成されていることにヨーロッパは気づきませんでした。しかしアメリカは、実はヨーロッパとは本質的に異なりました。そして私が思うに、次のステップとして一九八〇年代に、この件に関しては、大きな変化の時が訪れます。そこでは、鄧小平という人物が重要な役割を果たすわけですが、中国がアメリカ風になり始めたのです。中国は、「改革開放」（経済開放路線）を選ぶことによって、かつてのアメリカのアイデアを模倣し始めたわけです。

アメリカは抵抗勢力の形成に気づかれないようヨーロッパ風になることによって、ヨーロッパを倒しました。そして今度は、中国がアメリカ風になり始めたのです。高層ビルに資本主義。誰もが「いいね、国を開放し始めている」と思いました。「そのうち中国も私たちと同じようになる」と、アメリカをはじめ多くの国々に思わせたのです。そうなればグローバルに活動するノマド（＝経済的にハイレベルな活動を行う、自由に移動できる労働者）たちは、ニューヨークにも住めるし、ボストン、上海、大連にも住める、と。中国のあらゆる都市がこの輪に加わっていくものだと思い込んでいました。

事実、ある中国の地方都市はヒューストンのように感じられます(まぎれもなく中国だったりするのですが)。そんなことが起きていると、皆が思い込んだ瞬間がありましたよね。あらゆるもののアメリカ化です。しかし私は、あれはかりそめの装い、アメリカ化のフリだったと思っています。アラブ諸国で起きていることと同様です。彼らは物質的な消費文化などはアメリカ風を装いますが、それはまさに、その裏側でアメリカに対する抵抗勢力を作り上げるための作戦なのです。いま現在、私たちが目撃しているのは、まさにファラオによる反撃です。

振り子のように動き、出口が見えにくいアメリカ

そしてこれは、ほんの一つの要素、兆候に過ぎません。迫りくる反米主義全体の中のごく一部なのです。アメリカは今まで、さまざまな介入によって恨みを買い過ぎてきたのです。あんなに多くの国々に介入しておいて、その結果、侵攻とは見なされないとか、恨みを買わないとかいうのは無理です。それを許してもらうには、イラクにマクドナルドを持っていくだけでは不十分なのです。

ロシアもまたしかりです。ロシアで何が起きているかをよく見てください。ウクライナ侵攻後、最初にニュース報道されたことの一つは、マクドナルド〔の撤退〕でしたよね。そして今ではロシアには独自のマクドナルドがあります。どうやら、あまりおいしいとは言えなさそうですけれどもね。しかし、どうでしょう、新しいロシアのバーガーを一つ食べてみるのも面白そうですよね。何という名前かは知りませんが。それが今、起きていることです。

そんなことが起きているのを、私はもちろん喜んではいません。私は反米主義ではありませんし、何よりアメリカでは多くを学びましたし、そのことに大いに感謝もしています。しかし、まさにこの進行形の現在が、「帝国の崩壊」だと認識しています。ドナルド・トランプ現象は明らかに帝国末期を暗示するものであり、ジョー・バイデンもまた終わりの兆候なのです。アメリカという国に若返りは見られません。どこから新たな再生が始まるのか、現時点ではなかなか見出すことも難しそうです。

外からの圧力も、今とても強い状況が生まれていますよね？　アメリカの人々が「大丈夫、心配ありません、私たちでどうにかします」と口約束をするだけでは、やはり不十分なのです。彼らはそう弁明し、希望を口にします。しかし、彼らが今日アメリカにかかっている外からの圧力を過小評価しているのではないかと、心配になります。そうした強弁を繰り返しているうちに、彼らはいつの間にか、多くの味方を失ってしまってもいるのです。大統領選挙も二〇二四年の秋に控えていますが、どのような結果になるにせよ、今の状況、構図のままでは、いずれにしても残念ながらあまり良い結果は期待できないように思います。

思うに、アメリカに関して私たちが常にしっかりと直視しなければならないのは、単にアメリカ国内の政治情勢ではなく、外部に向けて発しているメッセージ性です。言うまでもなく、アメリカは民主主義が機能しているはずの国ですし、その開放性こそがアメリカの良き面でもあるのですが、あの国のあり方が、外から見ている私たちにとっても受け入れられるような変化をもたらすかどうか、ということです。

アメリカ大統領に、進歩的な民主党の人物が選ばれたとしても、私たちはそのメッセージを長期にわたって受け入れることはできません。なぜなら、二大政党制であるアメリカには、もう一方に共和党がいて、次の選挙では多くの場合そちらが勝利することで、政策が振り子のように変化してしまうからです。もちろんそれはある意味健全なことです。そうならなければ独裁政権になってしまいますからね。民主的独裁政権というのも、それはそれで望ましいことではありません。

しかし、そのことの代償として現状では、私たちは毎回選挙のたびに、二大政党に振り回されることを想定して、物事に対処していかねばならないのです。次の選挙で民主党がもう一度勝つかもしれませんが、その可能性は低いでしょう。そしてその時に共和党から出てくるものが何であっても、あまり愉快なものになりそうではありません。こうした「ジグザグ」の狭間で崩壊へと向かって行く感覚が、まだ続くのでしょうね。アメリカ国内の人々は、そこまでの危機感を抱いてはいないのかもしれませんけれども。

東京とメキシコのハイブリッドに可能性を見る

――あなたは世界中でさまざまな議論を経験してきたと思います。ヨーロッパや、おそらく時には中国、アジアでも。今回日本で特に得たいと思っている視点や話し合いたい論点はどんなものでしょう？

明日からの二日間で、日本の資本主義について再びあらためて学ぶことができるのを期待しています。資本主義に関するシンポジウム、そしてそこでの、新たな啓発の機会をとても楽しみにしています。

現在の経済情勢と、同時に、今の日本の最先端の思想を組み合わせる可能性を考える場です。日本には、さまざまな場にさまざまな知の形が息づいているように思いますし、そうした精神に触れられる出会いがたくさんあることでしょう。

日本は今でもGDPなどで見ても、世界三位（二〇二二年）の国ですよね？

――ええ、トータルではそうです。しかし、一人当たりだと、最新の調査結果では三二位です。

知っています。一人当たりだと……、そうですよね、確かに。しかし、日本は今でも経済大国だと私は認識しています。現在の世界の四つの経済大国は、今でもアメリカ、中国、ドイツ、日本なのです。正確に言えば、日本の後にドイツです。これが今も変わらない、私たちの今の位置づけです。

ですから、資本主義を理解したければ、あるいは資本主義の問題を理解したければ、この四か国を見なければなりません。その意味でも、今回は私にとってはまたとない機会です。資本主義に関しては、ドイツでも散々考えていましたが、三位の国に来て、その国がどうしようとしているかを見ることができるのですからね。

今回、このことを私はとても楽しみにしていました。しかもこの件に関してさまざまなレベルの見解を聞くことができるのです。社会の多様な人々の見解を、ね。これは大変貴重な機会です。日本の皆さんは、今、何をどうしようと考えているのか？　そのことを知ることができる、絶好のチャンスだと考えています。

「巨大都市のありようは、歴史的な考察を加える対象として、最も興味深いものの一つだと思っています」

東京という場所は常に、訪れるのに最高の場所ですね。なぜなら、すべてが都市部に密集しているからです。それに、実はもともと、私の大好きなテーマの一つが巨大都市なのです。巨大都市のありようは、歴史的な考察を加える対象として、最も興味深いものの一つだと思っています。

そして東京は、今でも、まぎれもなくナンバーワンの巨大都市だと言えるでしょう。最悪のパンデミックが過ぎ去った後にメキシコと日本へ飛ぶことになった、今回の旅はありがたい経験です。

激しい雷雨の中をメキシコシティへと飛んだのは一〇日前のことです。本当に楽しみにしていたのは、メキシコと東京、この二つの地のイメージを、頭の中でコンビネーションにすることでした。一方にはメキシコシティの雷雨。そして東京の景色はと言えば、こちらに到着する前に、飛行機から見た光景は実に素晴らしいものでした。巨大都市、そして富士山。両方とも着陸時に、その魅力的な光景は訪れます。日本に来る時、機上から素晴らしい富士山を眺めるのはいつも最高の経験です。メキシコシティの光景に負けず劣らず、ね。どちらも絶景です。

巨大都市は、特に人間の集団に対してどのような類いの貢献をするのか？　そのことを、メキシコシティ、東京と二つの都市のハイブリッドを想像することで、考えることができるのです。

ドイツと比べた時、日本の地下鉄の過密さは……

日本経済も、巨大都市の構造を活用することで成り立っています。巨大都市がいくつかありますよね？　そのような視点で考えると、たとえばドイツには、実は一つもありません。ドイツは日本よりそんなに人口が少ないわけではありませんから、基本的にはドイツも巨大都市を作れるはずなのに、それがないのです。すべてが地域密着型なのです。日本は大きな集団を作りました。ですからそのことについて、もっと学びたいのです。巨大都市の中心にいることでね。

日本の国土面積の正確な数字をご存知ですか？

——三八万平方キロメートルと言われます。ただ、国土面積は多少大きくても、日本は山がとても多いので……。

ええ、人が住めない土地が多いですよね。

——土地がとても狭くて、住人でいっぱいなのです。

わかります。特に土地は足りないですよね。日本で教授をしているドイツ人の方と話したのですが、日本に住むのに、少し抵抗感を抱いていて、馴染めるか不安を感じていたようでした。面白いですよね。ゲルトもそうだと思いますが、私は今回も日本での滞在経験を楽しんでいますから、彼の気持ちがわからず、彼にとっては何が不安なのか、なぜ疎外感を覚えるのか、明確には理解できませんでした。唯一、彼が言葉で表現できたのは「密集した島だ」ということでした。人が多過ぎるのです。感じる圧力のいくらかは、地理的な条件に起因しているものですよね。

面積の正確な数字は、日本は三七万八〇〇〇平方キロメートルで、ドイツは三五万七〇〇〇平方キロメートルです。

——もっと違うと思っていました。そうですか、国土面積で言えば、二万平方キロメートル程度の違いなのですね。

それにもかかわらず、日本の方が人口は四三〇〇万人も多いのです。大きく違いますよね。少々、過密だと思います。信じられないですよ。おととい新聞で読んだのですが、東京の地下鉄には毎年三〇億人が乗って移動しているそうです。中国の人口と同じ数です。すごいですよね。この地下に、実は中国があるわけですね。ここは一四〇〇万人が住む東京ですが、その下には中国の規模の人口の移動がある。経済活動という面では、最大限地下も活用されているのです。日本の地下鉄には、中国レベルの複雑さがあります。

――申し上げなければならないのは……あなたにわかっていただきたいのですが、ラッシュアワー時の地下での時間は本当に最悪なのです。

ええ、あれは悪夢ですよね。

――あの時間で、私は精神的にやられてしまいます。

ええ、心にも体にも、すごく悪いですよね。従属している気分になりますよね。部品となってシステムに押し込まれるしかないような気分になってしまいます。一つのパーツとして機能するしかないという意識になってしまうわけですよね。機能できなければどうなるか、そんな不安な気分を常に味わうことでしょう。東京の地下で見られるのは、基本的にはパニック状態であると言えるかもしれません。人間集団のパニック状態です。鉄道のシステムは、日本を重層的に表す、とてもいいたとえかもしれません。

私自身、何度も地下鉄には乗っていますよ、旅するたびに。大好きです。ただ今回は乗っていませんし、今まで、自分で地下鉄のシステムを理解する必要はなかったことも事実です。どなたかに案内してもらったり、誰かと一緒だったりで、一人では乗っていないのです。でも、自分一人で乗って体験してみた方がいいですよね。今なら街も割とすいていますからね、今日は日曜日ですしね。

日本が「九〇年代」から脱するためにすべきこと

――私(池田)も一つだけお聞きします。先ほど「日本はまだ一九九〇年代から抜け出せていない。日本は新しいことをした方がいいのではないか」というお話がありましたよね。二一世紀に入っても、ウクライナでまた戦争が起きたりしています。なぜ私たちは今でも過去から抜け出せず、同じことを繰り返すのでしょうか? 私たちは過去から学ぶ必要性があると、あなたはお感じになりませんか? 私たちへのアドバイスはありますか?

そうですね、お答えしましょう。一つ大事だと今考えるのは、パンデミックの間に私たちの多くは、何らかの形で目を覚ましたと言えることだと思います。近代化と資本主義によるある種の休眠状態から目覚めた、と言ってよいでしょう。

私が非常に深く感銘を受け、今でもよく覚えている経験の一つに、コギ族との出会いがあります。コロンビアの先住民族です。彼らに関する話を以前から聞いていたのですが、その後、実際に会うことができました。コギ族の皆さんがヨーロッパにやってきて、二つの集会で会う機会があったのです。コギ族は何百年も何千年も前の出来事の記憶を継承している、地球上の最古の文化を持つ、組織立った民族の一つです。

彼らは、私たちヨーロッパの社会、文化のありようが、徐々に自分たちの世界に近づいているのではないかと口にしたのです。ある意味、予言的な言葉と受け止めました。その他のラテンアメリカの先住民族たちからも、同じような内容を聞いたことを思い出しました。

さらに、私が先住民族のリーダーたちと開催したハンブルクでのワークショップでは、彼らコギ族は「未来を守ること」についても話しました。彼らのあり方が、実は私たちの未来のあり方なのだと、私も最近考えています。ヨーロッパをはじめとする多くの「先進国」とされる地域の人々が、先住民族のコミュニティを既に過去ものだと思い込んでいますが、それは間違いです。彼らこそが私たちの未来なのです。これは、歴史の流れ、時の流れを循環的に理解するためにとても大事な認識だと考えます。

私はパラグアイの先住民の詩人にも会ったことがあります。その方は今はブラジルに住んでいるのですが、私たちにある物を結ばせた上で、私たちの手を取って、時が循環していることを示そうとしたのです。メビウスの輪のように繰り返されるものだ、とね。

あなたはまだ時は直線的だと思っていませんか？　時が循環しているというのは、決して、物事がもとに戻るということではありません。私たちが過去だと思っている物事が、実は未来だということなのです。

思うに、ウイルスによる警鐘は重要なシグナルでした。私たちは今でも、ウイルスは警鐘だったと考えるべきだと思います。私たちが何に気づいたかというと、おそらく、地球全体としての意識の異なる形だと表現してもいいでしょう。地球にそれまで存在しなかった新たな一つの意識が芽生えたというわけではありません。おそらく地球には、常に意識があったのです。

ちなみにこれは、実は昔ながらの西洋の思想の一部なのです。往々にして、土着的な信仰と西洋の思想は、まるで正反対のもののように捉えられますが、そうではないのです。プラトン以降の西洋の伝統的な哲学においても常に、世界には魂があると考えられてきました。彼らはそれを「世界精神」または「宇宙精神」と呼んだのです。これが一九世紀までのむしろ標準的な考え方でした。そしてごく最近とも言える一九世紀の半ばになって、初めて、多くの人々がこのことに疑問を持ち始め、「近代的なニヒリスト」になっていったのです。

それまでは、地球に魂があるという考え方の方がむしろスタンダードな捉え方だったと言えるでしょう。あらためて思うのですが、私たちはこのことを軽視することなく、さまざまな選択肢を再検討すべき時なのです。そのような意味合いにおいては、この地球、この世界の生態系自体に、ある種の魂が宿っているのかもしれないのです。非科学的な、無謀な論を展開しようとしているわけではありませんし、予言のような物言いをするつもりもありませんが、将来起きること、未来の世界の可能性をイメージしてもらうために、こういう話をしています。

こうした思考を展開することで、次に生まれてくるのが、銀河系の生物としての、現代社会に流布しているのとはまったく異なる認識のあり方、意識の持ち方だと思います。こうした感覚、認識の仕方を持つことによって、私たち自身が「地球的」になるのです。地球的になるとは、地球に縛られるという意味ではありません。私たちの存在が、無限に一つになる認識を持つ、という意味です。

そして、こうした融合の感覚自体を、近代以前は、実は多くの人々が普通に経験していたはずだと思います。私たちはしばしば、近代とは、物理学の成果で私たち自身が思っていた以上にもっと広い世界があることに気づいた後の時代だと思っています。しかし、実は、その逆の状況になっていますよね。近代以前の人々が知っていたことを、私たちが忘れてしまった結果が生まれています。

コギ族の教え、水の流れの再構築

近代性とは何でしょうか？　銀河は数千億も存在すると私たちは聞いているにもかかわらず……多くの人々がそのこと自体は、科学的事実としては知っていますよね？　しかしそのような事実を、体感として身につけているわけではありません。「近代性」という思考の枠組みは、むしろ人々の思考や感覚の幅を狭めてしまう、限定する力として作用しているように感じます。

日本まで、飛行機で飛べばあっという間に到着します。物理的には移動はいつでも可能で簡単なものになりました。しかし、パンデミックがその繋がりを断ち切りました。ある意味、突然、たとえばロンドンと東京との繋がりが断ち切られたのです。そのことによって、「もうロンドンから出られなくなった」というような感覚から、より地域密着型な生活へと繋がったというわけではなく、もっと根源的な、地球の目覚めへと繋がっていったと私は思いたいのです。

そしてパンデミックから回復途上にある今、再び、その目覚めたはずの感覚に抵抗しようとしているようにも見えます。ウイルスからの警鐘を忘れて、ただ単に「パンデミック前に戻りたい」と思っている人々も多いことと思います。しかし、冷静に考えてみてほしいと思います。その道は既に塞がれているのです。パンデミック前に、単に戻ることはできません。すべてが変わってしまったのです。中国やロシアなどのありようを見ても、彼らはパンデミック前に戻ることを許してくれないでしょう。

つまり基本的に、今までにない状況が訪れていると考えるべきなのです。あえて、少し予言的な言葉で表現するなら、今まさに、私たちの先祖にあたる人々の思考の中に眠っていた、深いエコロジカルな思想が復活してきているのです。

ここで私が意味している先祖とは、人種などの違いを越えたすべての人類の話、先人たちです。あなたの先祖と私の先祖、コギ族の先祖。人類の原初においては、皆が同じ考え方を持っていたはずです。繰り返しますが、そこに、西洋もアジアも、開拓者も先住民も、違いはありません。私たちの先祖は私たちの知る限り何百年も何千年もの間、結局は同じ思想、同じ思考の感覚を持っていたのです。氷河期から抜け出して以来、ずっと長い間、同一の世界観がありました。そこで共通していた唯一の考え方が、地球は意識を持った生きた存在であるということでした。思うにこの認識が、哲学者ブリュノ・ラトゥールが呼ぶところの「ガイアの時代」に繫がります。

こんなことを私が突然言い出して、驚いているのではないでしょうか？　私も、いつもはこんな語り方をあまりしないのですが、とりあえず今日はこのまま語らせてください。コギ族の人々はこの人類の歴史にあって受け継がれてきた地球への意識を、正確に理解していたのです。私は、私たちが生きている時代を「コギト」と呼びたくなります。デカルトの「我思う」の「コギト（Cogito）」とは異なりますが、こちらは、CではなくKから始まる「コギト（Kogito）」ですね。私たちはコギトへと向かって行っているのだと思います。彼らに直接会って話せたことは、非常に印象深い経験でした。

そう言えば、彼らに会えて話した時のことを、私は昨夜、夢に見ました。今日もここで水と資本主義についてたくさん語っているからでしょうか？　コギ族はこのような言葉も残していました。

「地球上のすべては単に水の流れなのだ。人間の行動のすべては、水の流れの再構築だということを忘れてはならない」と。その意味するところは、私たちの身体にも関わってきます。体内の血流を再構築するような考え方にも繋がるもので、その認識を正しく持てなければ、健康を害することもあるでしょう。

こうした思考をベースに、コギ族は「水がどちらへ流れたいのかを、常に見極めなくてはならない」ということも言っていました。川がそこに流れているのであるならば、その川の流れを変えてはいけない、水が流れる方向のままにすることが大事だという教えです。もう一歩踏み込んだ表現の仕方をするなら、水が流れたい場所に、きちんと水が流れるようにすること、です。それこそがコギ族に受け継がれてきた知恵なのです。水の流れを変えてしまえば、地球は干上がってしまうことでしょう。

地球上に砂漠が生まれた背景には、こうした知恵が時に、場所により受け継がれなかった影響があるのではないでしょうか。こうしたコギ族の認識には、かなり説得力があるように思います。彼らのこの認識は実際、事実だったように私には思えます。最近聞いた話なのですが、オックスフォード大学の優れた生物学者がコギ族の論理と似たことを語っていました。水は命なのです。命の一部なのではありません。水は命そのものなのです。私たちがその水と命の組み合わせの思想に真に根差すことができたならば、私が今まで語ってきたような、地球上のさまざまな状態を、どんな変化が生まれたとしても、受け入れられるのだろうと思うのです。

そうなれば、何らかの無理を生じさせる工事の仕方を反省し、技術による自然の改修などについても、もっと慎重になるはずです。あそこの川は邪魔だからまっすぐな川に作り変えよう、なんて簡単な結論を出すようなことを控えるようになるでしょう。私たちが犯している過ちで、将来改めねばならない最も大事なことの筆頭にあるのは、水を軽視することなのです。そして、こうした発想自体が、新しさを含んでおり、水の文化の新しさというものに気づかねばなりません。新しいのは、コンクリートではありません。しかし残念ながら、私たちはコンクリートの文化の中で生きています。

それにしても、あらためて、コンクリートとはいったい何でしょうか？　コンクリートとは水をセメントなどと一緒に固まらせたものですよね。私たちは水を取り込んで、無理やり直立するようにしているのです。そして今、水が私たちに復讐しているというわけです。水が抵抗を始めたのです。

こうした意味合いにおいて、私たちは元素に立ち返るべき時代にあると言ってもいいでしょう。あらゆる物質の本質を構成している元素の意味に気づき、立ち返る思考です。これこそが、私たちの未来なのです。未来とは、実にシンプルな世界です。私たちは、物理学が成立した時代以前の思考、感受性を取り戻す段階にあるのです。

――ありがとうございます。もうお昼の時間ですね、本日はこれで終了です。せっかくなので、日本庭園も楽しんでください。

日本庭園に凝縮された、水と命と……

はい、先ほど水について話しましたよね？　今日は偶然雨が降っていますが、まるで水滴が答えてくれているようです。至るところに水があります。命も感じられます。この庭でどのように、水とともに命が留められているのか？

そしてこの水滴。ここに見えますよね？　とても素敵な、雨の降る情景が広がっていますね。このように、石にかかった水が、石の中の命を目覚めさせるのです。なぜなら、命の起源に関する最近のある理論によれば、生命の起源は、石にかかった水にあるからです。

そしてもう一つ重要なのが、地面から噴出した物質です。だから火山に生物が見られるのです。つまり、H_2Oが、地核の物質の分子生化学的条件に合致することによって命が生まれたのですね。基本的に、水と火の結合が生命になるのです。

こうした知見を得た上で見れば、この雨が石を叩く様子も、味わい深く見えてきませんか? 石を変える水の力を考えてみてください。水には異なる時間の尺度があるのです。この光景から、最近テレビシリーズにもなったベストセラー小説のことを思い出しました。タイトルは『深海のYrr《イール》(原題:Der Schwarm)』(ドラマのタイトルは「THE SWARM/ザ・スウォーム」)。日本語訳はハヤカワ文庫)。著者はドイツ人SF作家のフランク・シェッツィングで、彼は今では環境活動家でもあります。

この小説の中で単細胞の海洋生物が出てくるのですが、その生物は海中で集まって、何でも好きな生命体になることができるのです。そしてその生物は地球上で最も知能が高いという設定でした。テレビシリーズの中では、その生物が人間に対して怒り、海中で形を変えて、その形態を利用して人間を攻撃します。クジラなどになって攻撃するのです。そして人間は、津波を起こせるほどの破壊力を持ったその生物と共存する方法を探り、学ばねばならなくなるというわけです。

そして海というものが、地球では最も力のある存在だということが骨身にしみてわかるのです。ハリウッド映画で、人々の話題にのぼりやすい定番は、エイリアンの襲来にどう対応するかです。でも実は、真に向き合うべきなのは海なのかもしれないのです。エイリアンが来てもワシントンD.C.にも東京にも行かず、海に行くかもしれませんね。海と対話が必要なわけです。

「至るところに水があります。命も感じられます。この庭でどのように、水と共に命が留められているのか？」

――すぐそこにはビル街が見えますよね？　日本人の私でさえ、このギャップに複雑な感慨を覚えます。伝統的なイメージと現代的な建築……。

そこに、香港スタイルを思わせるような裏庭も見えますよね。ええ、このコントラストは確かにとても面白い。この無限に抽象的な美があって、そこに、人々が住むリアルな住宅もある。面白いです。これが、東京のリアルな生活環境なのですよね？　ある意味、サンパウロとそれほど違うようにも見えません。そうですよね？

この都会の中に突如出現したスペースを記録にとどめることができたのは、私にとってもとても幸運でした。本当に素晴らしい空間で、この雨模様の天気も、対話の内容にマッチしていて、良いやりとりを楽しむことができました。感謝します。

II部 人間だけが自らの存在の意味を問う

@虎ノ門「未来と過去を覗く会議室」

第三章　今、より良き社会は可能か

インタビュー二日目、インタビューの場へと向かう途中、官庁、大企業のオフィスが立ち並ぶビル街を通る車中で、ガブリエルがふと漏らす。

「昨日、ある会話をしていて思ったのですが、日本における芸術の力、美は、社会的権利から得られる唯一の自由なのかもしれませんね。そして、社会的な関係というのは、特に日本では、完全に単一なものではありません」

そしてこう続けた。

「日本で、美がこれほどまでに重要な役割を果たすのは、社会的な圧力があるからなのかもしれませんね。美が、社会的圧力から解放される唯一のものなのです。社会的プレッシャーの中で、美は救いの水路のようなものなのでしょう。

美を中心に社会を組織するからこそ、つまり、花に囲まれているからこそ、社会の網の目はより強固なものになるのです」

さて、二日目は一日目の論点を受けて、日本社会、文化をどう受け止め、この二〇二〇年代の世界の中でどう考えていくべきか？

対話は深まっていく。

マルクス・ガブリエル
ディレクター：大西　隼

人の心を読み合う日本社会

――まずは、昨日の経団連での講演での出来事からお聞きしたいのですが、日本の大企業から多くの方が参加されました。興味深かったのは、ディスカッションの後に、モデレーターの中島隆博教授が「どなたかご質問のある方はいますでしょうか」と聞いた際、一〇秒ほど誰も手を挙げませんでした。その状況をどうご覧になりましたか？

それは面白い質問ですね。私もどうなるかと思っていました。誰が先陣を切るのか、もしくは誰も質問しないのかと。その後、主催者側に近く、私も知る一人が最初に手を挙げたのですが、後から聞いたところ、誰からも質問が出なかった場合は手を挙げるように言われていたそうです。誰も手を挙げない状況が想定できたので、その時のためのシナリオがあったというわけです。

興味深いですね。私にとっては意外でした。全員の手が挙がるかと思っていたからです。時間も五〇分ほど残っている状態で、そのまま誰からも質問がないことも考えられ、非常に驚いた瞬間でした。

ところが、最初の手、つまり事前にこうした事態に備えていた人物の手が挙がった瞬間、二人目の手が挙がりました。自発的に手を挙げていただいた方から先に質問してもらいたいと私自身も思っていましたが、司会の中島教授が機転を利かせ、会場に向かって「まとめて質問を受け付けます」と言ってくれました。それにより、最初に自発的に手を挙げた方が二人目になってしまう状況が回避できました。

非常に興味深い交渉であり、出来事でした。一人目の手が挙がった後、他の方も手を挙げ始めたのです。

――そのようなことを日本以外で経験したことはありますか。

文化的な観点からそうした状況が予測できたからこそ、その時は誰かが質問の一番手になる必要があるという配慮もなされていたのだと思います。それはどこの国のどんなイベントでも起こり得る状況だと思います。シャイであるとか、その他の理由があることもあります。

でもよく考えれば、今回のこのケースに関しては、特に日本特有の文化的な理由から、そのような状況を事前に予測できました。確かに諸外国に比べると珍しい現象だと思います。それは、質問を募った後、実際に手が挙がるまでにタイムラグが発生するのとは違います。それだったら、どこでも起こり得ます。この状況の特異性は、そのことが予測できたことです。なぜか人々は、観客が誰であっても最初に手を挙げづらいと感じることがわかっていたのです。言わば、中立的な読心術だとは思うのですけれどもね。

まあ確かに、ある種の読心術は、明らかにどんな社会、集団にあっても、常に存在するものだと思います。しかし日本の場合、やはり特別ですよね。何かを察知しようとする時、多くの文化では特定の動き方があり、心を読み取ろうとしている合図になるわけです。しかし、ここ日本では、皆さんじっとしていて非常に動きが少ないのです。

おそらくそれが配慮の形でもあるのだと思います。前に出ていかず、あまり動かず、そうやって配慮することで、他の人に先を譲るわけです。それによって状況が固定されてしまうのだと思います。誰も先手を取らない中、非常に静かに、少ない動きでお互いを読み取ろうとします。

そして、それが日本社会においては、「カット」というスタイルをとるのです。それがとりわけ特徴的なのです。特に昨日のようなハイレベルなビジネス文化においては、日本の読心術がまさに具現化されていたと思います。皆さんが意見を主張している間、他の聴衆の皆さんの反応を見ていたのですが、一部の方々からは、はっきりとした感情が読み取れました。よく頷いてる方や、動きが多い方もいましたね。

大きく分けると、客席は三〜四列あったのですが、一列について、頷くなどの動きが多い方が必ず一人はいて、他はじっと座っているような感じでした。そういう方が二人いる列もあり、ディスカッションに対して何らかの反応を示してくれていました。それでもやはり、大半の方が静かな面持ちで座っていましたね。冷ややかには感じませんでした。異議を唱えていたわけではないからです。これがドイツで起きていたとしたら、異議の表明として受け止めることもできます。

「現代」と資本主義を受け入れ続ける

――なるほど、わかりました。ところで、ガブリエルさんのいでたちはビジネスマン風で、グレーのスーツをまとい、スタイルが洗練されています。たとえば哲学者のスラヴォイ・ジジェク氏と正反対のスタイルですね（笑）。

確かにその通りですね。

――哲学者として、どのような自己像を持っていますか？

そうですね……。

私は伝統的なタイプの哲学者に比べて現代社会の論理を素直に受け入れていると言えるでしょうか。

私は労働者階級の家庭の出身で、家族では初めての学者です。社会的に上へ移動するという可能性を経験しました。私だけでなく、家族や親戚で他にも社会的上昇を経験した者がいます。ですから、私としては現代社会について、自由の可能性を感じ、封建主義が解体され続けているのを実感します。

確かに、進歩主義のインテリにとっては反資本主義的なスタンスであることがスタンダードかもしれません。ただ、そういう方も著書を執筆し、販売し、教壇にも立ち、テキサス州や他の私立大学から給料を得ているわけです。全員が、通常の経済循環の一部なのです。それを踏まえると、なぜ市場社会に反対する必要があるのかと思います。

ドイツでは社会的市場社会または社会的市場経済と呼びますが、なぜそれに反対しなければいけないのかと。ですので、私は評論家に対して批評的です。これもまた哲学です。そういう意味では批評理論ですが、メタ批評理論ですね。他に何を提供したいのかということだと思います。資本主義を批判する批評理論家には、何かしら道徳的信念が必要なはずです。その多くは貧困や搾取が悪だという主張に集約されます。私も悪だと思いますが、それらが悪なのであれば、持っているツールを活用して、人々を貧困から解放したり、世界をもっと自由にしたりすればよいのではないかと考えています。

たとえば、資本主義を否定するスラヴォイ・ジジェク氏は隠すどころか、明白に資本主義を享受しています。他の皆さんと同じです。資本主義を楽しむと同時に、中から批評することも楽しんでいるのです。ただ、私にとってはその態度が相反するように感じられます。それなら、なぜ改善しようとしないのかと。自分が享受しているものがあり、それに良い側面と非常に悪い側面があるのなら、改善を試みたらよいのではないでしょうか。それが私の考え方です。

「現実を解明する」哲学者としての使命感

――そうした視点をお持ちであることを踏まえてお聞きします。哲学者として、次の目標、あるいは最終的なゴールを教えてください。

多くの皆さんが言うところの、「人生の終盤のイメージ」でしょうか。哲学者として、根本的には現実を理解することに尽きると思います。哲学とは、思想と存在に整合性をつけて並置させるものだと考えています。根本的には、哲学とはそういう学問なのです。考えることと実在することを、さまざまな面で揃えて、そこに秩序をもたらしていく営みです。

その意味において、私の主たる目的は、すべての局面において現実をできる限り解明することだと言えるでしょう。その一部には、もちろん実用的にも役立つ現実の解明もあります。実まさに今行っていることでもあるのですが、最近は実践哲学にも取り組んでいます。実践哲学は単に実践を主張するだけではなく、真に実践的であるべきだと思っています。それを成し遂げようとしているのです。

実践哲学の概念を用いてどこまで行けるのかということは、私にとって一つの挑戦ですね。根本的には、生きている限り現実を解明しようとしています。自分自身の答えを見つけたいと心の底から思いますし、科学的な答えを理論的に、かつ明確に言葉にしたいという希望は常に抱いています。それは、物理学的または生物学的、化学的な領域に属する答えではなく、科学的かつ哲学的な答えを意味しています。

参考にすることはあったとしても、他の科学を利用するわけではありません。大きな疑問に対しても、あくまで自分自身の答えを得たいと考えています。不滅の魂は存在するのか、またそれは何を意味するのかなど、そのような問いが大きなテーマと言えるでしょう。私たちが認識しているこの世界は幻想なのか、道徳上良いとされるものと現実の人間社会の論理との間に整合性を持たせることはできるのかなど、どうすれば真に「良い社会」が可能になるのかを知りたいのです。

これらは哲学的に最も大きな問いだと思います。私はこれらの大きな疑問に対して、自分なりの哲学的かつ科学的な答えを生み出し、世に問い続けたいのです。それが今行っていることです。

それとは別に、私も人間ですから、多くの皆さんがするようなことも、もちろんします。オフの時間を楽しんだりなど、当然ながら、誰もがその権利を持っているわけですしね。ただし、哲学者として根本的に行っている「現実を解明すること」、このことについては、最も大事にし、その姿勢を人生の中心に置いていることに間違いありません。

権威主義が目立ち始めた時代に民主主義の成果とは?

――なるほど。その「現実の解明」の精神によれば世界の政治的な情勢はどう見えますか? 今回はさらに詳しくお聞きします。以前に私たちの番組シリーズで、あなたは民主主義の価値に言及なさっています。「民主主義は官僚制度のようなもので、時間をかけて決断できるものだ」と。ただ、現実はどんどん加速しているという見方もあります。あなたの考え方は今も有効なのでしょうか?

確かに今、世界の多くの皆さんがこうした状況を懸念していますよね。現在、さまざまな問題に対して緊急性を感じることが増えている中で、民主主義は残念ながらその効力を発揮する上で、あまりにスピードが遅いのではないかという失望が広がっていることもよく理解しています。

しかし同時に、よくよく目を凝らせば、それもまた虚構であることがわかると私は思っています。民主主義が早く行動を起こさなければならないと思われる場面ほど、むしろそこでよく考えねばなりません。コロナなどもいい例かもしれませんね。その他にも、私を含めて多くの人々が「地球温暖化に対するグローバルな取り組みが遅い」などと不満の声を漏らしていますが、実は少しずつであっても、前には進んでいますよね。これも民主主義のおかげなのです。

実際、改善に向かって前進できていることについて、また危機が加速していることについての冷静な認識、これらが可能になるのも、すべて民主主義のおかげなのです。民主主義がなかったとしたら、これらについて何も知らないまま私たちは過ごしてしまっていたはずでしょう？　その意味でも、ちゃんと民主主義の成果に目を向けるべきです。

また、いつも言っているのですが、もし今お話ししているような大きな社会経済的問題が民主主義では解決できないのだとしたら、それはすなわち、人間による解決は不可能であることを意味していると思います。民主主義は、統治に際して最適な解決方法および場なのです。

その理由は次の通りです。社会的に複雑な問題に対して、どうやって最適解を得るのかといえば、それはできる限り多くの人々に意見を聞くことによってですよね。民主主義は、ばかげたものを取り除きつつ、できる限り多くの人に尋ねるための手法なのですから、その存在意義を疑う余地はありません。

「民主主義は、ばかげたものを取り除きつつ、できる限り多くの人に尋ねるための手法なのです」

民主主義は我々の間違いを取り除くと同時に、可能な限り多くの人に意見を求めることができるシステムなのです。世論や抗議、投票など、さまざまな行為によって人々の思いが示されることで、民主主義のあらゆる側面から、人々の意志を収集することができます。それが人間にとって、さまざまな問題解決を行う際、最も適した方法だと思います。

そうした意味合いにおいては、民主主義が地球温暖化を解決できないということであれば、地球温暖化は私たちにはもう解決できない問題なのだと考えざるを得ません。私はそう考えています。

「民主主義は遅い」という主張はどこから来るのか

トップダウンの権威主義的な独裁政権の方が民主主義より早く問題を解決できるといった話を、私はまったく信じません。その過程で必ず問題が生じるからです。たとえば、権威主義は人間の自由を束縛します。この方法では、グローバルな独裁が必要となってくるために、地球温暖化も解決されないでしょう。

一つの独裁政権、たとえば北朝鮮が地球温暖化を解決するという状況を想像してみてください。そもそも北朝鮮が地球温暖化を解決している証拠はありませんが。どこにも見当たりませんよね。では、ロシアは地球温暖化を解決しているでしょうか。残念ながら、化石燃料の変わらない推進と戦火を広げること、その双方で温暖化に著しく貢献していると言わざるを得ません。

戦争によって二酸化炭素の排出量を増加させてもいるように、ロシア軍には、人道的な罪ばかりではなく自然に対する罪もあります。戦車の存在だけでも罪なのです。建物が破壊されるため、それらを再建しないといけませんよね。これらすべてが、生態学的に考えると悪夢です。つまりは何の証拠もないのに、単に多くの人々の頭の中に、ある思い込みがあるだけです。一番上に立つ者から発せられる、極めて純粋な、誤った解釈が起こり得ない命令系統が実現するとしたら、気候危機も速やかに解決できるはずではないかという考えは、明らかに幻想なのです。

最上位者が「全員家にいなさい。誰も車を運転してはいけません。以上が命令です」と言ったところで、争いを、新たな戦争を引き起こすだけなのです。車がなければ仕事にも行けずに、人々は貧困に陥ります。移動の可能性については、解決しておかねばなりません。

仮にすべてを統治できる独裁者がいたとしても、たとえば自分が独裁者だったらと想像してみても、他に良い解決方法を思いつくことは不可能です。そう言えば、以前にある人から何度も繰り返し同じ質問をされたのですが、最終的にはその問いの立て方自体に欠陥があるということを受け入れてもらいました。その問いとは「あなたが世界の独裁者だと想像してみてください。世界の問題をどのように解決しますか」というものでした。

私は「まず、世界から独裁政権をなくします。その地位から降ります」と答えました。

世界の独裁者になったとしたら、まずは辞任すること、それが、私が最初にすることです。そうすると確信しています。

そして、そもそも、民主主義が遅いという話を私は信じてはいません。プロパガンダのように感じられますし、その時考えるべきことは、誰がその情報宣伝の裏側にいるのかということです。そうした話については、とても懐疑的です。

二大政党制と金権政治で極端に振れるアメリカ型民主主義

――なるほど、では次に、あらためて、民主主義の一つのスタイルであるアメリカの話です。なぜアメリカは良い形で民主主義を運営できず、むしろ失敗に近い形になっているのでしょうか。ポピュリズムなのか、それとも何かもっと根深い気質または思い違いがあるのでしょうか。

今の私の見解は、結局のところそれは、二大政党制および金権政治によるところが大きいというものです。この政治的土壌ゆえにアメリカは立ち往生してしまい、現状では機能していないのです。アメリカの歴史を振り返ってみると、なぜ今の状態になってしまったのか、興味深い理由を見つけ出すことができるでしょう。基本的に二大政党制で、大統領の地位が強力で、州の権限が強いなどの現在の状態へと到る歴史には、さまざまな局面があったはずです。

その時、一つだけ大きな理由を挙げるならば、他の国で見られるような根本的な改憲がアメリカにはなかったということです。もともとは素晴らしい理念を持っていた憲法ですが、今やかなり時代遅れになっている部分もあるわけです。もちろん、その後、都度都度わずかな改正や修正をしたり、解釈を加えたりはしていますけれどもね。しかし根本的には変わっていません。

そして、根本的に変わらないまま、二大政党制と金権政治、さらにはあらゆる意味でアメリカが国として古くなってきたということが、問題を顕在化させてきたのだと思います。国の政治に二つの声しかないとしたら、当然ながら遅かれ早かれ二極化した構造になってしまいますから。

個人的な話ですが、私は比較的長くアメリカで生活していました。ニューヨークの自由さも味わい、快適な日々を過ごしていました。実はアメリカでは終身在職権もある役職についたのですが、結局、ドイツで教授になるために帰国したのです。アメリカを去る時に、なぜ去るのかと多くの人から聞かれたのですが、当時挙げた理由の一つは「残ったら間違いなくアメリカ市民になりたいと思い、その場所で何らかの〔政治的〕支持を表明せざるを得なくなるだろうから」というものでした。そうなれば四年ごとに、普通の戦争犯罪人か正気でない人のどちらかを選ぶという、極端な選択することになるわけです。私は、いつかは正気でない人が勝つだろうと、その時に言ったことを覚えています。その後、この読みは当たってしまったようです。時間の問題だったということです。常に二つの選択肢しかなかったら、民主主義では通常は良い方かマシな方が勝つとしても、どこかの時点で、悪い選択肢の方も勝つ時が来ます。これは統計的な事実です。そして、ドナルド・トランプ氏の当選でそれを目の当たりにしたわけです。

ただ、外交政策で実績を残したことは認めないといけないかもしれませんね。彼は戦争を起こしてはいないのですから。トランプ政権の時の方が、現在よりも外交政策的には良い状態だったと思います。もちろん、偶発的な理由もありますから、彼に功績があると言っているわけではありませんけれどもね。

いずれにせよ、とにかく二大政党制と富の過剰な蓄積と偏在、これがアメリカ政治の問題なのです。また、それによる格差の拡大も、その格差がどのような表れ方をしているかも、重要な問題です。

――ありがとうございます。二大政党制は日本人もよく知っていますが、それが金権政治と結びついていることが問題だという認識を持っている人はまだ多くないと思います。

この後、日本の話に戻りたいと思います。

第四章　失われた「存在」を求めて

マルクス・ガブリエル
ディレクター：大西　隼
サブ・ディレクター：池田光輝

「輝く国」日本で生まれる幻想――可視化されない社会の問題

――それでは日本の話に戻りたいと思います。日本でも実は格差が静かに広がっているように思います。この地では、貧困に陥っている方や体に障害がある方が、社会の陰に隠れてしまっている面もあるように感じます。

そうですね、見えませんね。特に東京の中心部では、そうした現象は可視化されていないと感じました。確かに、ホームレスの方を見ることも、少なくとも私のような海外からの短期滞在者にはありませんね。

――身体障害者や高齢者、社会的弱者や貧困者などの視点が抜け落ちていることも多いように思います。そういう人たちの存在が見えにくい社会だと思うことがあります。アメリカで起きているような傾向や動向が実は日本にもあり、静かに進行している気がしてきます。あなたはどう思われますか。

その通りですね。私なりの印象、形容の仕方をさせてもらえば、日本という国は「輝くこと」に長けています。人が関わることで何かが輝いている場合、輝きという要素とともに、そこには「見せかけ」や幻想も存在しているのです。そうした過程で、当然ながら、弱者が存在する現実を隠す必要が出てきます。何かしらを補わないといけないわけです。その部分は見えません。驚くほどに目に入ってこないのです。ここにも日本的な「カット」が現れていると言ってもいいでしょう。

昨日ドイツからの派遣団メンバーたちの間で、まさにこのようなトピックについても話していました。メンバーの一人が日本人の方と話した際に聞いた話のようですが、日本だと誰の家を訪問してもだいたい同じようにきれいに見えるけれども、実は人が来る前にすべてを押入れに投げ込んでいるらしいと……。本当はきれいではないと言うのです。実際に人が住んでいたら、そうですよね。しかし、人が来る前には「来客があるから」と、すべてを押入れに入れて見えなくしてしまうわけです。これが本当なのか嘘なのかはわかりませんが……。

——我が家では当てはまります（笑）。

あ、本当のことなのですね。よかったです。それを知ることができてうれしいです。

——七割ぐらいの家に、それが当てはまるかもしれません（笑）。

なるほど、珍しくはないということですね。これが根本的に何を意味するかというと、水面下では日本人も、私たちと共通の人間性を持っているということではないでしょうか。

海にたとえて言えば、海底はどんなところでもたいてい汚くて、皆それをわかっています。ただ、それにもかかわらず、海面上は最も清潔な場所であるかのようなフリをしているとしたらどうでしょうか。中国の市場経済の表層が作られたものであるのと似ていますね。そして同時に、これには戦略的に有利な側面もあります。海面の清潔さを印象づけることによって、日本の完全性という幻想も生み出されているわけです。

「日本における西洋と東洋の融合は、日本の中に存在していた西洋的なる部分から生み出された幻影なのかもしれません」

日本における西洋と東洋の融合というのはよく話題になることですが、もしかすると、日本におけるその融合は、隠された、日本の中に存在していた西洋的なる部分から生み出された幻影なのかもしれません。つまり、日本における西洋的な側面こそが、日本的な部分の幻想をも作り出しているような感覚です。

最初の〔西洋像を真似た心のモジュールを作り出すスキルが日本人には備わっているとする本書六四頁の〕仮説で

は、西洋的な幻影から日本的なイメージが生まれるとしていましたが、逆方向ということです。あるいは、西洋からも日本からも、双方からの影響関係もあって、両方向から生まれたものかもしれませんね。これはまだ一つの仮説、思いつきに過ぎないのですが。

いずれにせよ日本を対象とする研究者がよく言うのですが、日本国内で日本について思うことの多くは、厳密には、実は現代性から生み出されていることも多いと考えられるのです。すなわち、日本の中には、西洋的な現代性の要素が、もともと歴史的にも数多く存在していたのではないでしょうか。あくまで仮説に過ぎませんが。

岡倉天心の言葉が問いかけたもの

――なるほど、今の「日本の現代性」、「日本的なるものとは何か」という議論について、少し考えてみていただくきっかけとなるテキストをご紹介したいと思います。

日本の美意識については、伝統的に、不完全性の美しさを通して語られることも多いのですが、たとえば、「わびさび」という言葉はご存知ですか。

はい、わかります。確かにそうですね。

――もちろん、さまざまな側面がありますが、「わびさび」も、不完全性の美の精神から生まれたものです。そうした美意識を表現しようとした、岡倉天心の『茶の本』をご存知でしょうか。一〇〇年以上前に英語で書かれた作品です。彼は英文で書くことができ、話すこともできました。

いいえ、その本は知りませんでした。

――松岡正剛さんという現代の思想家が、『茶の本』の内容を一〇の文章にまとめています（「松岡正剛の千夜千冊」二〇〇〇年六月二十一日）ので、ご紹介したいと思います。

なるほど、いいですね。興味があります。

――まず、岡倉天心はこんな皮肉を言っています。

①西洋人は、日本が平和のおだやかな技芸に耽《ふけ》っていたとき、日本を野蛮国とみなしていたものである。だが、日本が満州の戦場で大殺戮《さつりく》を犯しはじめて以来、文明国とよんでいる。

まさにそうですね。

――では、一挙にご紹介しますね。

②いつになったら西洋は東洋を理解するのか。西洋の特徴はいかに理性的に「自慢」するかであり、日本の特徴は「内省」によるものである。

③茶は衛生学であって経済学である。茶はもともと「生の術」であって、「変装した道教」である。

④われわれは生活の中の美を破壊することですべてを破壊する。誰か大魔術師が社会の幹から堂々とした琴をつくる必要がある。

⑤花は星の涙滴である。つまり花は得心であって、世界観なのである。

⑥宗教においては未来はわれわれのうしろにあり、芸術においては現在が永遠になる。

⑦出会った瞬間にすべてが決まる。そして自己が超越される。それ以外はない。

⑧数寄屋《すきや》は好き家である。そこにはパセイジ（パッサージュ＝通過）だけがある。

⑨茶の湯は即興劇である。そこには無始と無終ばかりが流れている。

⑩われわれは「不完全」に対する真摯な瞑想をつづけているものたちなのである。

「茶の湯」は日本語で、伝統的なお茶の作法のことです。「茶の湯は即興劇である。そこには無始と無終ばかりが流れている」とも言っています。つまり、開始がなく、終わりもないということです。

ハイデガー『存在と時間』に繋がる岡倉天心の精神性

――この文章をご紹介したのは、前回のあなたの言葉を受けてスタッフ間で話し合った際に、丸山プロデューサーからアドバイスがあったからです。私たち日本人の無意識の領域でおそらくは受け継がれているであろう感受性、ものの見方・考え方を、一世紀以上前に、欧米社会の中で、なんとかして伝えようと岡倉天心が苦労した文章だと思います。

とても興味深いですね。

ドイツと日本には、さまざまな点で、文化的にもよく似た部分、共通部分があると思います。歩んだ歴史の上でも、ある時点では近代化への向き合い方、その姿勢なども似ていたと言えると思います。近代という時代はとても長いのです。一九世紀に始まり、結果的に世界大戦に突入し……、実にさまざまなことがありました。今あなたの引用の中に「日本は、近代以前は野蛮だと見なされていたのに、突然、文明化したと見なされた」という言葉もありましたが、その部分については、ドイツの歴史は少し異なりますけれどもね。

しかし、ドイツと日本の重要な類似点の一つは、あなたが今、本から引用することで「日本人のメンタリティー」だと示したものと非常に似た感受性が、実はドイツでも見られるということです。ドイツの哲学者ハイデガーが日本に影響を及ぼし、今も多大なる影響力があるのには理由があります。彼自身も日本に大きく影響されました。日本とドイツの関係は第二次世界大戦の歴史ばかりが語られがちですが、それだけではありません。邪悪な戦争で同盟を結んだだけではないのです。あれは単なる一つの政治レベルの話であり、より深いレベルの話があります。あるいは、もっと異なる位相の話と言ってよいでしょう。そう呼ぶべきです。そのレベルはハイデガーの言う「存在」と関係があります。あなたが今読み上げてくれた言葉は、ハイデガーが言うところの「存在」と関連していると私は理解しました。

ただ、そこで一つだけ違いがあるとすれば、特に自然の美に関わることかもしれません。日本の場合は、「不完全性」が、より中心に据えられているということです。ハイデガーの「存在」の概念には、美はほとんど関係しません。芸術は関係しますけれどもね。それが大きな違いだと、私は思います。ハイデガーが「存在」と呼ぶドイツ人のメンタリティーが自己を表現することに用いられる時に、美的な感覚はそこにあまり関係してきません。美が関係することがあったとしても、それは単なる偶然です。

このことは同様に、たとえばイタリアでも見られることかもしれませんね。つまり資本主義以前、近代以前の歴史の影響があるのでしょう。地球上のすべての文化にね。この点では、資本主義に批判的な知識人たちのものの見方は正しいと言えるのかもしれません。往々にして彼らは資本主義というものを、植民地時代の思想だと考えがちです。資本主義は入植者もなしに、一人ひとりのメンタリティーを植民地化してしまうものだ、とね。

その主張通りであれば、アメリカ人やその他何らかの集団が入植者だと考える必要はないことになってしまいます。そうであれば物事はもっとシンプルなのですが、事態はそうではないでしょう。資本主義に批判的な人々の主張によくあるのは、現代のグローバルな市場経済やら何やかやがさまざまなメンタリティーを破壊したか、あるいは隠してしまったということなのですが、すべての責任を資本主義になすりつけるのは無理があります。そこには、私たちが忘れてはならない、もっと大事なことがあるのです。さまざまな精神のあり方に目を向ければ、そのことは完全に理解できるはずです。

あなたが話している間、私の頭の中にはオレンジとグリーン、ブラウンの毛筆の書体が見えていました。筆で書いたようなものが、ね。まるで閃光が見えたかのようでした。そしてその毛筆はとてもきれいで、美しいものでした。そしてその後、頭の中に誰か人の姿が浮かび上がってきました。なぜなら、こうしたインタビューの場での歴史的な書の引用の提案自体が、あなたがたのアイデアだからです。そして、月の姿が……、ここでは非常に興味深い月の姿も心に浮かんできました。こうした一連の表象が、美的な絵柄が心に浮かび、強く印象に残りました。

私に言わせれば、これらの表象は、すべて「存在」なのです。

近代化がもたらした「存在」の喪失への嘆き

前回のインタビュー（本書I部）から、「カット＝切断／遮断」によって社会も心のありようも固定化することなく、もっと自由に解き放った方がよいと私は提言してきたわけですが、こうした「存在」が生まれるような場面は、実は近代以前に、別の言い方をするならば、資本主義ではない社会としての封建主義の社会にあったわけです。その時、経済問題は客観的に考えてみても、資本主義よりもっと不公平な制度によって担われていました。その意味では、「存在」の成立は、実はとても大きな政治的代償を伴ってなされていたのです。

当時の日本の統治者であった天皇陛下は、当然のことながら現在の存在とはまったく異なり、大きな支配力を持っていたことでしょう。つまり天皇陛下自身が、日本という国家の中で人々の間に独特の「存在」を生み、輝きをもたらしていたわけです。

ドイツもまさに同じです。皇帝が「存在」でした。その証拠として、面白いことに、ドイツの街並みは戦争で破壊される前の方が間違いなく美しかったと言えると思います。戦後、街は、バウハウス（一九一九年に設立された総合的造形学校）が広めたような、グローバルで機能主義的なデザインや建築ばかりになりました。具体的に言えば、バウハウスのデザインは、美しさよりも、「形態は機能に従う」ということを重要視しています。つまり、美や存在に対する疑念が、戦後ドイツ国内にも生まれたわけです。

しかし私自身は、実際のところ、消えることのない隠れたメンタリティー、魂とも言うべき「存在」はどこかにあるという考え方に納得しています。「存在」は消えるわけがないのです。それは近代化の歴史などとは比べものにならないような、何百年にもわたる歴史を持つものですから当然です。その魂には独自の歴史があって、一つのものというわけではありません。

ある現実の経験は、日本の皆さんにとっても、ある時代までは共通の経験だったことでしょう。言葉にする必要すらない、単にその空間を共有するだけで感じられる経験です。ある種の、精神性の共有です。「存在」について話題にのぼることがなかったのも当然のことで、それは、人々が皆、「存在」の中に、精神の中にいたからです。それは、日本だけでなく同様に、ドイツ、フランス……どこに行っても、ヨーロッパの多くの国々に同じ考え方、感覚があります。

近代に起きた大きな変化の一つは、そうした精神性が、日本だけでなく、どこの国でも破壊されたことです。「存在」の崩壊です。

あなたは先程、日本人に共通するある種のメンタリティについても話していましたよね。先ほどの引用の言葉の中に、ある時代に醸成されていた精神の共有を感じ取りました。その意味で、あなたの話は完全に理解できます。その存在様式で生きるということはどういうことなのか、容易に想像もできました。私ならそれを心から楽しむことでしょう。もし、ボタンを一つ押すだけで、私たち皆がその意味での「存在」の中に入れたなら、とても素晴らしいことです。

しかし同時に、私たちはその状態が生まれる条件を、あまりにも簡単に忘れてしまっています。なぜなら、サムライもいましたよね？　日本にも武将の文化があったわけです。それは少なくとも私には、タリバンに類するもののように感じられます。

つまり私たちは、そうした複雑な時代の変化を忘れてしまっているのです。ドイツも同じです。疑いの余地なく、これは日本だけのことではありません。これはまさに逆説的に、資本主義の啓蒙的な効果の一つに関する話なのです。近代化の代償は「存在」の崩壊や消滅だけではありません。同時に「存在」は今でもそこにあり、決して消滅したわけではありません。私たちが懐かしむ文化として維持されているものです。こうして「存在」を懐古することが、私たちが旅をして古い場所を見に行く理由の一つでもあるのです。鎌倉や京都、明治神宮に行きたい理由は、ただその目の前に立ち、「存在」を吸収したいからです。「五分だけでもいいから」とね。

近代化によってもたらされた悪い側面は、これだけではありません。

近代のすべての病は「存在」を失ったことに対する嘆き

もう一つは、残酷な戦争、争いを生んでしまった可能性です。いかなる種類の過酷な戦争も、近代のすべての病も、それは常に「存在」を失ったことに対する一種の嘆きなのです。そのことに関しては、ハイデガーが正しかったのです。私たちは、さまざまな方法を用いて「存在」の喪失を嘆いているのです。なぜなら「存在」のありようもさまざまだからです。

日本の場合であれば、「存在」であり「精神」と呼んでもいいでしょう。あなたが先ほど読みあげてくれた、お茶の世界もそうでしょう。茶道の思想に流れる「存在」「精神」です。ドイツもまた、他のものの喪失を嘆いていますが、「存在」が失われたことに対する哀しみがその根源にあるという点においては、変わらないのです。

たとえば、キリスト教の喪失、神の死。それが私たちドイツ人の嘆きです。どの国にあっても、どのような人々も社会構造も、近代的な文明の中にある国家、国民は、それぞれの嘆きを訴えているのです。近代に何かが失われた、あるいは今も失われつつあるのです。

気候危機と、気候危機に対する多くの人々からの異議申し立てのアクションは、抑圧の結果ではないかと思います——すなわち、真に失われているのは「存在」であると口にすることを、抑え込んだ結果ではないかと。少し詳しく説明しましょう。

私たちは「地球が失われつつある」と思っていますが、実は地球はもちろん失われません。地球温暖化では確かに多くの人々が亡くなるかもしれず、既に亡くなっている人もいます。いったいどれほどの人々が亡くなってしまうのか、まだ今の私たちにはわかりません。非常に多数になるのでしょうが、見当がつきません。それだけで十分悪い事態であると言えるでしょう。

しかし、それでも地球自体がなくなってしまうわけではありません。死ぬのは人間なのです。これらはすべて、確かにまったく好ましいとは言えない事実ですが、しかし、なぜ私たちは事実以上に、言わば自分たちの「実存的危機」として騒いでいるのでしょうか？

私は、真の喪失との抑圧された関係があるからだと考えています。私たち人類は、帰ることのできる「ホーム」を失ったのです。地球は私たちのホームではない。地球は今やホームとして見ることはできません。私たちが地球を破壊しているからというだけではなく、地球を外側から見てしまったからです。物理的な事実を知ってしまい、ショックを受けたのです。地球は一つしかなく、私たちは宇宙に漂っているということ、そして、自然は私たちの面倒を見てはくれないということを。

そのことによって私たちは、「存在」が科学によってある意味で否定されたようにも感じているのです。科学は、「君が今『存在』と呼んだものは単なる幻想だ」と解明してしまったように思われているからです。私自身は、それこそが幻想だと思っています。つまり、「存在」は幻想だと科学が証明したという話の方こそが、幻想なのです。

科学至上主義、あるいは科学技術至上主義とも言うべき「すべての問題は科学と工学があれば何らかの形で解決できる」という考え方があります。「お金と科学技術があればいい」という短絡的なものの見方、それは、残念な、極端な形の喪失です。そうした状況が生まれている中で私が考え続けているのは、どうやってそれらを再び結びつけるか、ということです。近代が失わせた「存在」と、現代の科学技術全盛の社会状況の間にどう橋を渡すかが、大事な課題なのです。

あなたが先ほど先人の言葉を引いて東洋について話されたこと、あるいは、広く東洋に関して言われていることは、実は、西洋に関しても言えるのです。多くの人々が資本主義とも関連づけてしまいやすい「近代らしさ」は、実は西洋の構成要素とは言えません。なぜなら近代らしさは、当然ですが、近代以前にはなかったものだからです。近代らしさは近代になって現れたのです。そしてその原動力は、おそらく工業化に起因するものと言ってよいでしょう。工業化とその副次的効果の結果なのです。

花を「カット」(＝斬る)することなく、失われた「存在」を回復できるか

こうして次の問題は、では「存在」をどう取り戻すか？ということに移ります。つまり、近代に失われた「存在」を、その状況からどのように回復していけばよいのか、ということになるのですね。日本も今、独自の形で、まさにこの過程を経験しているのではないでしょうか。

それは言い換えれば、どのようにサムライの刀でもある「カット」(＝切断)に、調和を生めばよいのか？ということであり、また、どのように「カット」(＝遮断)と花の美を調和させることができるのか？ということ――もっと端的に言えば、どうすれば花を「カット」せずに(＝斬らずに)済むのか？ということです。これは今日においてとても重要なことだと思います。なぜならば、私も含めて多くの人々が「資本主義だけでは問題を解決できない」と気づいているからです。

その点については明白です。だからこそ、私も含めて、先住民の知恵に学ぼうとする議論に参加する人々が増え始めているのです。その時、もちろん、日本での議論において注目するべきは、やはり日本の先祖、先人たちに関することだと思います。各国、各地域において、ドイツ人はドイツの先住民たちの姿に、日本人は日本の過去の人々の営みに、そ

れぞれ注目するべきなのです。

たとえばドイツの場合で言えば、大昔はネアンデルタール人がいたわけですが、そこにホモ・サピエンスが大量に押し寄せ、殺されてしまったわけです。これに類する他人種、他民族の侵入、強奪、殺戮は、長い歴史の中で世界の至るところで繰り返し起きてきたことです。そうした意味では、どこの国でも一〇〇パーセント純粋な民族で構成された国などありません。現在の日本人全員が、日本の先人からの流れを受けついでいると考えてもいいのだと思いますし、ドイツにあっても、現在の多くのドイツ人がドイツの先人たちの流れを汲む存在だと素朴に考えてみていいと思います。

今の時代の問題の一つは、まさにその先行する存在への認識、歴史の知識です。そうした人間、民族、歴史への知識の議論は、ひとまずは、現在の国家の枠組みである、日本なら日本で、日本に関する議論として行われるべきだと思います。いきなり、ドイツや、ラテンアメリカの人々に関する議論として始めてしまうのではなく、フラットにまずは自らの先祖たちのことを振り返ってみることです。そうした議論を深めていくことが、結果として、他民族のあり方や営みについて考えることにも繫がり、ひいては世界のことを考えたり、人間の生活の本質について考えたりすることにも繫がるからです。こうして、最終的には、地域的な特殊性と世界における普遍性との、双方を結びつけていくことに大きな価値があるかもしれません。

その時に、私は、経済を犠牲にして「存在」を取り戻そうなどとは提案しません。なぜなら、現在の世界では、誰もそんなことは受け入れないからです。その意味では、私たちは何らかの形で「存在」を売り込まねばならないのです。それが今の私の日本の皆さんへの願いです。皆さんが正しく関わることになる、高度なレベルの「倫理資本主義」の第一歩と言えるかもしれません。あなたも含めて皆さんがドアを開けてくれたので、私は喜んで、今、足を踏み入れているのです。

こうした話の流れの中で、問題は、どうやって資本主義に「存在」を売り込むのかというところへと到るのです。オファーをせねばなりません。それはある意味で、プリミティブな要素を伴う行動ともなることでしょう。軍隊が攻めて来ると思われた時の古典的な対応策の一つは「もてなすこと」ですからね。まずは友好を提案するのです。そこで抵抗はしません。それは、誤ったやり方です。

柔和な姿勢で応えることで、相手を柔らかく押し返すのです。その時に、お茶が、資本主義の欠陥に対する一つの武器になると想像してみてください。一杯のお茶に乾杯です。

いかがでしょうか？　何らかの答えになっていましたか？　本当に大事な論点を挙げてくださいましたので、一連の私の言葉が意味をなしていることを願います。

「しがみつく」ことで破滅が待っている

――池田：先人に学ぶことの大事さも理解しましたが、前回のインタビューで、あなたは「新しい啓蒙」についても話されていました。そこでなぜ「新しい」ということがポイントになるのか、すべてにおいて「新しい」ことが重要なのか、お聞きしたいのです。

たとえば、ここからも窓の外に多くのクレーンや建設現場が見えます。私たちは、今でも新しいビルを建て続けています。個人的な感覚ですが、私にとっては「新しさ」より「美しさ」の方が大事で、「美しさ」があれば、それで十分なのです。

なぜすべてが新しくなければならないのでしょう？　それが私からの質問です。

それも、とても重要なポイントかもしれませんね。歴史的に伝えられてきた文化の議論の中には、確かに「資本主義の問題は、すべてが新しくあるべきだという点にあるのではないのか？」というものが含まれていると思われるからです。その懐疑の背景にあるのは、「古い物には無条件で価値がある」という、一連の「保守主義」とも言うべき心性です。

しかし、だからこそ、ここで私は、なぜ「新しい」ことの方を前面に出して、「保守主義」には与《くみ》しないかを、きちんとお話ししておきましょう。

私の発言の意味がおわかりでしょうか？　そこに逆説的な状況があるのです。常に〝新しい〟ものを求めている人々のこと、私は彼らのことを、しばしば「組織的な進歩派は進歩派ではない」と分類しています。なぜなら、彼らが求めているものは一見新しいけれど、実は古い物の改良型であるにすぎないからです。これは「保守主義」です。私はこれを支持しません。

こう考えると「今日、真に進歩的な主張は、現代では保守的にも聞こえる意見だ」と言えるでしょう。そして〝新しい〟ものに対しては「もう十分だ」とも言い得るのです。

たとえば高層ビルも、真に新しくしなくてはなりません。もし、「あれで十分だ。あの高層ビルがいい。東京はあのレベルの文明がいい。既に十分だ。あれを大事にしよう」ということになったら、どうなってしまうのでしょうか？　私が見るところによれば、これは東京で既に今起きていることの一つなのです。

このことについては前回もお話ししましたよね？　東京はまだ一九九〇年代にいるので

はないか、と。九〇年代の絶え間ない自己改良、自己保全バージョンの中にある都市だと感じます。「よし、あれを大事にしよう。あれは良かった。あれは今でもいい」という姿勢は、興味深いものです。しかし、取り巻く環境がすべて新しくなっているのですから、それは無理というものです。私たちが今持っているボキャブラリーで表現できる限界を越えていく何かが必要なのです。なぜなら「存在」と資本主義の間に、私のような徹底した反対派、すなわち「存在」の擁護派がいるからです。

私たちが人類として今日関わっている大きな動きの中にあるものを無視して、単にただしがみつくような姿勢をとってしまったなら、私たちを取り巻く変化が私たち自身を破滅させてしまいます。何かにしがみつこうとすれば、それは手の中で燃え尽きてしまいます。もし何かを指して「あれさえあれば十分だ」と思おうとすれば、そこですべて終わってしまうのです。なぜなら、仮に日本やドイツに暮らす私たちが十分であったとして、しがみついて前に進まなければ、私たちが近代という時代に引き起こしたことでもある他地域の貧困問題などを解決することもできないからです。

近代を完全に実現するための「新しい」もの

私たちだけが勝手に変化を拒んでしまったら——これは最近聞いた数字なのですが——アジアには五億人以上の貧困層が存在するという事実はどうなってしまうのでしょう？日本が何かにしがみつくことができたとしても、貧困状態にある人々にはまだ日本の成長が必要なのです。彼らには私たちが常に作り出す新しいものが必要で、刷新が必要なのです。私たちに十分な流動性が備わることで、彼らの貧困状態が改善されていくことになるのです。

まずは近代のプロジェクトを遂行しなければ、その意味では、近代以前を楽しむことはできません。完全な円を閉じる前に、言わば「存在」が円の中に戻る前に、まだやることがあります。キリスト教の直線的な進歩史観に戻るのではありませんし、イエスの復活の話をしているわけでもありません。円を閉じる前に近代を勝ち取らねばならないと思います。完全に近代を実現するということです。

私の提案は、それを「新しい」ものと呼ぶことなのです。「新しい」ものとは、その実現の形です。だから私はどんなことでも、変化に対応するという意味において、「新しい」ことをしているのです。そして、その時に、私たちには、それらを推進していく基盤となる思想が必要だと考えています。基盤となるものは、理解不能であったり予言的なものであったりしては意味をなしません。しっかり伝わる言葉で理念を明確にすることで、理論構築などに使えるすべてのツールを用いながら、近代の実現を遂行していくのです。私たちは、実はまだ近代を実現できていないのではないかと考えます。このことは、現代のドイツ人哲学者であるユルゲン・ハーバーマスと、心から同意できると感じる数少ない点の一つかもしれません。彼は常に、近代をまだ実現できていない未完のプロジェクトとして語っていました。

「新しい」ことの意味するものは円か、らせんか——回帰する時代

さて、こうした議論を踏まえて、やはり私たちには「新しい」何かが必要なのだと、私は主張し続けているのです。しかし、もうおわかりと思いますが、この場合の「新しい」ものとは、輝く新しい高層ビルではありません。それはまったく「新しい」ものとは言えませんよね。それでは今までやってきたことと一緒です。

「新しい」ものとは、むしろあちらに見える光景です。あの、鮮やかな緑がコンクリートを包むように生い茂っている建物は、今私たちがいる都会の会議室から眺めても、ある

「新しい」ものを備えています。花が咲き誇る古いビル、あれは「新しい」。今日の東京では、あのようなスタイルの建築物が、以前より見られるようになってきていると感じます。あれは「新しい」。それに比べて、もう少し高層で、もう少し豪華に見えるもう一つのガラスの壁の建築は、「新しい」とは感じられませんね。あちらは古く、緑と共存する見地の方が「新しい」のです。

ビル街の夜景を眺めるガブリエル氏

こうした議論の流れで言えば、「新しい」ものや「新しい」啓蒙などの概念は、岸田文雄首相が表明した「新しい資本主義」とも、ちょっと異なるものかもしれませんね。もちろん首相はリーダーですし、物事を表明する、それは権力の座にある彼の仕事ですし、完全に合理的な行動です。しかし、彼は司祭ではありません。基本的に首相という立場の人物の発言、「新しい資本主義」として政治家が言うことの意味は、「さあ、君たちが考えて」という立場で発せられていると捉えていいのかもしれません。多くのアドバイザーたちも、「新しい」の中身をそれぞれの定義で考えていても、最終的にそれが全体として何を意味するかは、誰にも見当がついていないのです。

ドイツでも、最近、似たケースがありました。オラフ・ショルツ首相が戦争に直面して「Zeitenwende」という言葉を使ったのです。「時代の転換点」を意味する言葉です。彼は、「時代が変わった」と宣言したわけです。文字どおり時代のターニングポイントを示しているのです。

確かにそう言われれば、彼の言葉は正しくも響きますが、しかし、実は彼自身、自分が何を言っているか、明確にはわかっていないと感じました。「私たちには今や新しい外交政策が必要だ。ロシアとは、もううまくいっていない。天然ガスの供給もこれからは難しい。ドイツも軍備を増強しなければ……」、こうした一連の状況を受けての発言だったわけです。それゆえに、「私たちは新たな時代にいる」というわけです。

その言葉をきっかけとして多くの人々が議論を始めましたが、その言葉の意味は、実は「時間が回っている」ということだったのではないかと、私は解釈しました。つまり私には逆説的に響いたのです。「存在」の話に再び繋げるのであれば、彼の意に反して「存在」が彼を通して語ったとも言えるように感じました。なぜなら、実際、「時代の転換点」という認識自体は必要なものだからです。

時間はいつも回らねばなりません。それが円か、らせん状ならば、新しいものは古いものだということになるわけです。「次」とは、私たちが時間を直線状のものと考えるようになる以前のものなのです。これが一つの考え方です。だからこそ「新しい」啓蒙では、「カント＝理性、ロック＝政治的自由主義」とは捉えません。そうしたステレオタイプの理解では、そこで思考は止まってしまいます。カント、ロックだけでなく、ブッダも、その啓蒙の思考の中に並置させるのです。ブッダの名前を聞いて、光を感じて、悟りを開くのです。それは、狭義の理性とは言えないかもしれません。しかし、理性も光の一つとして認識するならば、ブッダの思想もまた理性の一部を構成していると言えるわけです。

私が「新しい啓蒙」とか「新しいもの」と言う時は、そこに常にある、けれども目に見えないものを指しているのです。これが、私が倫理的進歩と呼ぶものです。私が倫理的進歩と言う時、「新しい」倫理的事実、道徳的事実を発明するという意味で言っているのではありません。そうではなく、既にそこに到達している人々とその思想の本質をつかみ出そうという意味で言っているのです。倫理的事実は、すでにそこにあるのです。これから作り出すものではありません。

「現実はそこにある。作り出す必要はない」というのが、私の「新実在論」のベースにある思考です。作り直す必要はないのです。こうした文脈において捉えるのであれば、これはイノベーションの言葉だと言い換えてもいいでしょう。設計方針を示すように、メタレベルの表現を試みるなら、「ニューイズム」という概念と言えるでしょう。その一つの言葉で、すべての思想のあり方を網羅でき、どんな考え方、イズムが現れても、あなたがどんなことをしても、私は「新しい」ことをするからです。誰よりも「新しい」ことができるのです。さらに新しく、さらに新しく。資本主義ならば、それよりも新しく。首相が「新しい資本主義」と言うなら、私は、「新しい『新しい資本主義』」と言うのです（笑）。そこで、この言葉の意味するところは、まさに「何が新しいのか？」という問いに繋がるのです。

今そう聞かれたら、私は「新しい」ものとは「円」だと答えることになると思います。私たちは直線状の時間から、先祖がイメージしていたらせん状の時間へと、今、回帰しつつあるのです。それが今日起きていることだと思います。それゆえに、多くの人々が地球という惑星のあり方、資本主義への不安、成長や脱成長について意見を交わしているのです。私たちの先祖が、私たちのことを待ち、私たちを見守っているのです。まさにこれが、地球上のあらゆる場所、あらゆる民族のコミュニティから発せられているメッセージではないでしょうか？　永遠の場所から、あなたを見ているのです。このように、今まで歴史の中に蓄積されてきたすべての知の体系が、それぞれ独自の知見を持っています。そこにあるのは、天国か無か。禅の思想に象徴される日本の無は、皆さんの祖先がどこにいるかに対する答えでもあるのかもしれませんね。

東京に比べればニューヨークも小さな村——実験の場としての日本

——そうした議論を踏まえて、「倫理資本主義」について、来年出版されるそうですね。なぜ日本限定なのでしょう？　重要な書籍なのであれば、世界中で発刊できるかと思うのですが。

後に世界でも書籍化するかどうかはさておいて、現に今回東京に来たことでこの目で確かめることができたのですが、日本は、ある意味で、「極大化を志向する資本主義」と言える。そのことが、日本でまず著書を出版する最大の理由かもしれませんね。

中国は国家資本主義などとも呼ばれることがありますが、共産主義を掲げる政党が公式に存在するわけですし、貧困層が多くて中流層が少ないなど、いろいろと特徴的なところを考慮すると、どう考えてもまだ、最大化を目指す現代的な資本主義の社会であるとは言えないと思うのです。中国を、日本と同じように捉えようとしたら大きな誤りを犯すことになってしまいます。もちろん、中国にも巨大な高層ビルがあり、大きな経済力もありますが、それは「極大化を志向する資本主義」体制とは、やはり呼べないでしょう。そこは明確に区別しておくべきポイントだと思います。

そもそも中国は、国全体の体制の在り方を考えれば、資本主義とも実は呼べないのではないかと思います。しかし、それはまた別の議論ですね。ともあれ、こうした点から考えると、この地、日本こそがまさに資本主義の可能性を最大限利用することで発展している地であることは、私にとっては疑う余地がないのです。

東京と比べれば、ニューヨークは、資本主義の要素を持った小さな村であるように私には見えます。その意味でも、ここ（日本）は「倫理資本主義」という私の持論である概念を試すのに最適な場所だと考えています。極大化資本主義であり、同時にあらゆる面において非常に洗練された文化もあります。それにはビジネス文化も含まれるわけですが、職業上の倫理観も高いのではないでしょうか。

もしこの概念が日本で機能するのであれば、どの場所でも機能する気がします。ニューヨークについてもそういう見方はありますよね。ニューヨークで通用すれば、どこに行っても通用するという、ね。日本に置き換えるなら、そのテーマは資本主義になるというわけです。この場所で資本主義を変えることができるのであれば、どの場所においても変えることが可能です。これ以上ないくらい、概念の実験の場として適していると思います。この永遠の瞬間に、日本の皆さんはいるのです。これが「新しい」のです。

あるドイツの大企業の幹部と話していて興味深かったことがあります。企業名は出しませんが大きな有名企業です。彼らはある問題に関して私と仕事をしたがっていて、私の助言を得てプロジェクトを進めたがっていました。想像してください。これは「新しい」ことです。企業がアプローチしてきて「形而上学が必要です」と言うのです。彼らは、あらゆる経済学者と話した上で、「形而上学者と話さねば」となったわけです。一〇年前には想像もできなかったことです。

なぜ形而上学者に助言を求めるのか？　一般的に言って、哲学を通して現実を理解しようとすること以上に古いことがあるでしょうか？　また、形而上学原理として自身を理解しようとする資本主義より、新しいことがあるでしょうか？　と私は問いたいと思います。つまり、そこで「新しい」のは――私の言葉で言えば「ニューイズム」は――特定のイデオロギーへの支持などではありません。私が常に考え、見ているのは、もっと深いレイヤーです。

先日、「平等な社会自由主義」に関してお話しする機会があった際も、「この言葉はまさにドイツ政府を表しているようだ」と私は表現しました。なぜならドイツには今現在三つの党があります。それぞれが三者三様に、緑の党は平等を、社会民主党は社会主義を、自由民主党は自由主義を掲げています。平等な社会自由主義は、まさにドイツの連立政権なのです。もちろん私はドイツの宣伝省の大臣としてここに来たのではありませんし、今現在ドイツ市民として、そしてドイツ国家に雇われている身として私が「平等な社会自由主義」と言う時にも、国家を称《たた》えているわけではありません。だからと言って非難することもありませんけれども。その意味においては、私は哲学者ですから、単純明快な政治的発言はしません。

私がここで最も強調しておきたいのは、ある状況を見た場合、その深層では何かが起きているということにまで目を向け、考えるべきだということです。物事には必ず深層があり、その深層が表層を作っているのです。表層が深層を作っているわけではありません。

私の意味するところ、伝わっているでしょうか？

社会と個人の関係性の逆転

――ええ、伝わっています。ところで、日本には、ヨーロッパ的な「市民社会」はなく、実際にあるのは「世間」だと議論されることがあります。市民という意識は薄く、単なる私人として、社会の空気ばかりを見ているというものです。こうした見方についてはいかがですか？

これも興味深い、ある種の「弁証法的な逆転」(dialectic inversion) のケースであるという言い方ができるでしょう。このことに関しては、過去に既にお話ししたことがありますが、その思考に戻るよい機会なのでお話しします。「アジアの共同体主義」対「西洋の個人主義」というステレオタイプな理解がありますが、実はこれは逆かもしれないと、私は考えるのです。

ドイツには社会があり、私人はありません。これは問題です。とても共同体主義的で、団結が大きな役割を果たすため、まるで社会主義国のように感じられることがあります。これをやったら社会にどのような影響が及ぶだろうかと、人々は常に考える傾向がありま す。これが現在のドイツ国民に典型的だと思います。一方、日本にはまさにそれがないように見えるのです。これはとても大きな逆転、西洋と東洋に対する従来のイメージに関する「弁証法的な逆転」と言い得るのではないでしょうか？　東洋が「西洋より西洋的」で、西洋が「東洋より東洋的」なのです。深層まで深く観察すると、私たちの通常のイメージと異なる実相が見えてくるのです。

社会とは「因果的に繋がった人的交流の形」である

そして、もっと深く探究するとどうなるか？　これもまた、単に「弁証法的な逆転」の一つ目のレイヤーに過ぎませんからね。それを忘れないことも大事です。

社会というものは、結局、「現実」なのだという言い方もできるでしょう。現実を直視することです。社会の一つの定義としてあり得るのは、単に、「因果的に繋がった人的交流の最大の形」というものです。そうした考え方をさらに推し進めていくと、いよいよ、そこに「日本社会」や「ドイツ社会」という固定化されたものは存在するのだろうか？ということが問題になってきます。すべての社会的交流は何かによって関連しているのでしょうか？　もし関連していないとすれば、社会も、より小規模の社会システムも、存在しないことになります。

今のこの私たち、このインタビューの収録現場は「社会」です。なぜなら、この部屋の中のすべての交流が、因果的に繋がっているからです。皆の顔が見えますし、皆を会話に引き込むこともできますから。これが社会です。しかし、この状況を北海道のあるスパと共有できるでしょうか？　今、北海道でスパに入っている人がいます。法律上は、どちらも同じ状況にあるかもしれません。彼らも私も、同じ日本国の法律のもとにあるからです。しかし、それも社会であるとするなら、社会とは何でしょう？

実は、これはとても古典的な難問です。社会とは、最大の交流の形です。社会は一〇人か二〇人か一〇〇人を超えた場合は——大規模なコンサートでもいいですが、コンサートの人数を超えた場合は——すぐに結束力がなくなります。そこで全員が一致するのは、同じ法律のもとにあるとか、そのような公式な枠組みにおいてだけです。

そういう意味では、複雑な現代社会は常に空虚なのです。日本社会やドイツ社会などというものはありません。あるのは多くの社会の枠組みだけで、それらをまとめているのは結局、法律だけなのです。おそらく、経済よりも法律の果たす役割が大きい。これが近代の、残念な部分の一つでもあります。

「私たちは運命共同体です」に拍手喝采したアメリカ

調べなければならないのは日本の法律です。たとえば、日本の「私人」についてのあなたの読みに即した明確な例があります。パンデミック下の人々の振る舞いです。日本では、国家から制限されることがドイツよりも大幅に少なかった。入国制限、休校などがありましたが、飲食店の閉鎖はそんなになかったですよね？　休業が要請されただけです。国家が「非常事態」を宣言してすべてを強硬に閉鎖したわけではありませんでした。

ところが、ほとんどのヨーロッパの国々はそうしました。なぜならヨーロッパには、それを許可するパンデミックの法律があったからです。日本にはそんな法律はありませんでした。そして興味深いことに、そういった法律が導入されることもありませんでした。国会が「そういう法律を作ろう」とまでは、なりませんでしたよね。そういう意味では、日本は非常に個人主義的な解決策をとったのです。当然、西洋の認識では「日本人はもともと社会的だから法律なんか要らないのだ。自分たちで自律的に行動する。日本人はとても社会的で共同体主義だからね」というものでしたけれどもね。

ですが現実は異なっていたと私は思います。日本人は個人の主張が強いため、国家がそんな社会的解決策を持ち出すことすら、許さなかったのではないでしょうか？　それゆえに、おそらくコロナ対策の相対的有効性は、他の多くのアジア諸国よりも低かったことでしょう。そして、その有効性も個人の意志によるところが大きかったのかもしれません。具体的には、「嫌だ。私はウイルスに感染したくない」という感情です。推測するに、自分の身をそれぞれが守ろうとする意識が有効に作用したというわけです。

人々は注意したのです。たとえば「あのレストランには行かないようにしよう」と。また、「ウイルスに感染するかも」、「もちろんマスクはする。ウイルスに感染したくないから」、「どうせこの人たちには会いたくないし。会わなくて済んでよかった」などなど。日本におけるパンデミックは「私たちは運命共同体だ。ともに解決しよう」という機運を高めたわけではなかったという解釈もあり得ると思います。

日本は超共同体主義で、ドイツはより個人主義、アメリカは徹底した個人主義だと、通常は思いますよね？　それが標準的な理解だからです。今、日本に関してはこれが真実でないことがわかりました。ドイツの方が社会主義的で、今となっては、アメリカがパンデミックにおいて、私が見た中で最も社会主義的な国だったと思っています。逆説的にね。

アメリカが国境を開いて間もなく、私はビザを取得して会議のためにアメリカに行きました。ビザを取ったので入国を許されたのです。ブロードウェイが再開したばかりで、人々はマスクをしていました。あの時点では、着けなければいけなかったのだと思います。あるショーの前、ステージに係の人が現れて、マスクなどに関してこう言ったのです。「マスクは外さないでください」と。誰も外しませんでした。そして言ったのです、「忘れずに」。あの瞬間をよく覚えています――「忘れずに。私たちは運命共同体です」。そして全員が拍手喝采しました。つまり彼らはドイツ人よりも、言わばずっと共産主義的、あるいはずっと社会主義的なのです。おそらく現実は、アジアが超個人主義でゼロ共同体主義、ヨーロッパがより共同体主義で、北アメリカが徹底した共同体主義なのかもしれません。それが現実なのかもしれないのです。

こうして、深層まで見て考えることが、さまざまな複雑化する社会の中で理解を深めるためにはとても重要なことなのです。

――ありがとうございました。

エピローグ　自分の価値を自分で信じる生き方を
――若き日本人たちへのメッセージ

我々の収録を終えて次の議論の場へと移動する車中も、ガブリエルはインタビューの余韻を楽しむように語り続けた。

問わず語りに生まれた、言葉のフラグメントを最後に、ご紹介しよう。

私は高速道路が大好きです。

この首都高速はタルコフスキーの伝説的映画に登場していますよね。そう、『惑星ソラリス』に。おお、この道が……。あの映画のことをよく考えるので、感慨深いです。

上の世代は若い世代に、人生において大事なものを教えるべきですね。歴史と伝統の中にあり続ける、「変容の連鎖」にも繋がっていきます。しかし残念ながら近年は、多くの人々が、知恵が受け継がれ、同時に時代の変化の中でさらによりよく更新されていく「連鎖」に、疑問を持つようになっているように思います。実はどうやら、日本では、そのことが顕著なようですね。とても驚きです。

自分の生き方は、当然、自分で見つけていくものです。ただ、それは、どこかの石に刻まれているような、決まりきったようなものではなく、周囲の環境にアプローチしていく中で見えてくるものなのです。よく言われる「己の道」というようなものは、決して固定化された、「正解」があるようなものではありません。もっと開かれた道なのです。

それを見つける過程自体も、あなたの生きる道の一環なのです。それを肝に銘じないといけません。我々には、最初から正しい生き方など示されているわけではありません。私にもわかりません。誰にも明解な答えなどないのです。この人間の社会が機能する所以を説明できた人など、今まで誰もいません。

自らの生きるべき道を考える時に侮《あなど》ってはいけないのは、「運命」という概念です。運命というものは、誰かから与えられるものではありません。この世で生きている日々の中で、向こうからやってくるものです。遭遇するものです。
そして同時に、自らに相応《ふさわ》しい道を探すことによっても、運命に貢献できるものなので
す。運命を受け入れるという姿勢と、運命に立ち向かう意志とは、実は、矛盾するもので
はありません。結局、同じ結果をもたらすのです。運命とは、そういうものなのです。

「多くの人々が、知恵が受け継がれ、更新されていく『連鎖』に、疑問を持つようになっているように思います」

絶望は、運命とはまったく異なります。人間にとっての最も根本的な絶望の形は、人生が無意味に思える感覚であると言えるでしょう。すべての出来事がバラバラに思えてしまい、無意味な世界にいる自分に居場所はないと、思い込んでしまうことです。これは、最悪の形です。こうした感覚に陥ってしまった場合には、ほんのわずかなきっかけでいいので、一つのささやかな経験を通して、現実の世界に意味を見出していくことが重要です。
それが、まず一つ目に起こすべき行動なのです。自分の中で作り出した現実に対する見方によって諦めてしまうこ

となく、自らが置かれている状況の中で自分の持つ可能性を発見し、何らかの創造性を発揮するのです。それは本当にわずかなことから始まります。

こうした感覚の持つ重要性は、人生全般においても当てはまることでしょう。まだ結果がわからない、どのような成果が生まれるかも疑わしいような、試行錯誤の段階にあっても、自らが取り組んでいることに価値があると信じられなければ、先へは進めないでしょう。人間社会というものは、単なる生存競争なのではありません。人間社会は、動物の世界のように本能が行動を決定する側面もありますが、それだけではなく、理性、文化を育むことができる、最低限自立できる存在なのです。

単なる生物としての生存のレベルを超えて、人生の持つ意味には、必ずそれ以上のものがあると私は確信しています。人生に意味をもたらすであろう、「自分の信ずる道を見つけること」は、とても大事です。この言葉は、さまざまな場でアドバイスとして常套句のように用いられますが、ここには通り一遍ではない、深い意味があるのです。

必ず道は見つかります。そして面白いことにその道は、道すがら見つかるのです。

私は、偶然がもたらしてくれる贈り物、セレンディピティという考え方も好きです。人生はすべての人にあらゆる可能性を与えてくれているのですが、それを見分けて、必要な時には、飛びつくことが大事です。

人生において何か決められたやるべきことがあって、それらをすべて、あなたが引き受けなければならないというわけではありません。ただ、いろいろとある人生の中の出来事に遭遇するたびに、それに適応したり、共鳴したり、合わせたりしていかねばなりせんよね？

そうして、出来事に遭うたびにそれを柔軟に受け止め、その都度の判断で思考と行動を積み重ねていくうちに、やるべきことが突如見えてくる瞬間があるでしょう。「自分は何をするべきだろう」と、一人で考え込んでいるだけでは、見えてこないことがあるのです。それは、ある意味、流れの中でやってくるのです。

啓蒙は、この近代という時代の曲がり角にあっても、やはり重要な概念です。

そうです、まずは目を開けるのです。先が暗くて、何もできないと思ってしまったとしたら、それはあなた自身の問題が大きいのです。もちろん外的要因もあるでしょうし、幸運に助けられる時もあることでしょう。

しかし、何より重要なのは、やはり内的な要因です。その内的な意識の部分はあなた次第なのですから。外的要因はあなた次第ではありません。誰にとっても、どんな成功を収めている人も。その状況は、レオナルド・ディカプリオのような大スターにとっても同じです。彼の幸福は、彼にただ与えられた外的な要因だけではなく、彼はその機会をちゃんと見分けたことから生まれたのです。幸運があったのと同時に、それをしっかり理解することができた、内的な要因があるのです。

自分を信じましょう。

そうです。最終的には、自分を信じることとの重要性に繋がるのです。この力は、驚くほど強力なのです。嫉妬心に囚われたり、ライバルに打ちのめされたりする時、自分に対する信念は攻撃されているのです。そうした瞬間が狙われているのです。

敬意は力です。他人の個性を尊重し、その力量に敬意を抱き、知ろうとすること自体が、人を文字通り、成長させていくのです。

おわりに　「存在」と「カット」の共存への道――丸山俊一

「入れ子構造の危機」の時代を生きる

複雑を極め、不透明感が増す、現代社会の様相。

ガブリエルによる「診断」、その現状分析は、「nested crises」という言葉を核にして始まった。「網の目の危機」、あるいは「入れ子構造の危機」ということになるだろうか。今、「核」という表現を用いたが、むしろ中心となる「核」が見えないからこそ「入れ子構造」なのだ。さまざまな位相の問題が重なり合い、屈折した力学を生み出す様は、複数の台風、温帯低気圧が重なった天気図のような様相を示し、たまたま集中した地域には、甚大なる特異的な被害をもたらす、というわけで、まさに線状降水帯という言葉が頻出するようになった近年の異常気象を髣髴とさせる。

実際、そうした連想が働くのも故なきことではない。そうした「入れ子構造の危機」のベースには、地球温暖化など、年々厳しさを増す気候危機があると言うのだから、複合的な変異台風の織りなす様相というイメージも、隠喩であり直喩であると言えるだろう。

「新実在論」の旗手として注目を浴びることになったガブリエル。そもそも、この概念自体、私たちそれぞれが生きる目の前の空間を、ある意味、「入れ子構造」と捉えようという呼びかけを含んでいたように思う。すべては関係性の中にある。「世界は存在しない」というレトリックによって、この社会空間を絶対的な視点から閉じさせてしまうことなく、すべての参加者に向けて開かれたネットワークと見なすことで、解放への展望を図ろうとする提言だ。そこにさまざまな「意味の場」が出現する。多様な視点、多様な「意味の場」が重なり、蠢《うごめ》くイメージの運動体。絶対的、固定的な中心が排除された、動きを止めない意味のネットワークだ。

この社会空間も入れ子的なネットワークなら、危機の本質も入れ子構造だと彼は言う。問題という「客体」も、問題解決を図ろうとする「主体」も、どちらも流動しているとする構図を提示した上で、ガブリエルは、この時代を思考するための手がかりをどこに求めようと言うのか？　SF的な想像力の世界に遊ぶなら、さながら渦巻く星雲の中を遊泳し、漂いながら格闘する宇宙飛行士のような気分、もはや映画『ゼロ・グラビティ』の世界といったところか。この捉えどころのない状態の中、いったいどこから手をつけていけばいいのか？

まずは、この壮大なイメージの遊泳に出かける前に、地球上のグラビティ＝重力の世界で繰り広げられているリアルな国際政治の様相も、一度しっかり確認しておかなければならない。

「直線」ではなく「循環」へ――インドの台頭と「西欧文明の終焉」

今回、思想的な要素も孕んだ国際関係の力学の考察において、ガブリエルがアメリカでも中国でもなく、インドについて熱く語ったことも興味深い。二〇二三年五月の広島でのG7、国際政治のリアルな綱引きの場でも、「グローバルサウス」のリーダー的な立ち居振る舞いで存在感を示したインド。だが、もちろんガブリエルが着目する位相は、その根底で培われてきた思想的な風土、その世界観、人生観へと繋がる、ものの見方・考え方の土壌の部分にある。ヒンドゥー教的な感受性が、多くの地域へとじわじわと広がっていくであろうことへの考察がなされるのだ。

多神教であり、起源も明確ではないヒンドゥー教は、インダス川流域の人々の感受性、社会習慣などを含む広義の思想を中心に自然に形成されていったものだ。一般に民族宗教と呼ばれ、宗教的な観念や儀礼などが融合した素朴な民間信仰だと言える。

だがその素朴さゆえに、ヒンドゥー教は大きな包摂力を持ち、原始的な信仰や呪術も取り込んで、大きな広がりと影響力を持っている。カースト制度に象徴されるように、インドの地に暮らす多くの人々の生活の全般を規定するような制度や習俗を内包している。

「人間は死んで無となるのではなく、各自の業《ごう》のため、来世において再び新しい肉体を得る。生死を無限に繰り返す」――。こうした「輪廻転生」の思想が有名だ。あらゆる行為は業として蓄積され、業は、その行為者がその果報《かほう》を経験し尽くさない限り消失しない。西欧の直線的な思考では捉えられない、インド文明の中で育まれてきた循環という思想。「輪廻転生」という言葉に集約されるこの世界観、この円環し循環する思考が、それを信奉する人の数としてもこの地球上で最も大きな勢力となった時に、大きな価値観の変動が世界にもたらされるのではないか、というわけだ。

それは、直線的な「進歩」の概念からの脱却も意味することになるだろう。そして、ガブリエルは、「循環」の論理を語りつつ、こんなレトリックも繰り出した。それは、未来に過去を見ることだ、と。このあたりは、本稿でも再び、後半触れることになる。

過去、彼には、二〇一七年の番組「欲望の民主主義」で、民主主義の現代的な定義とその更新の仕方を問うて以来、場を変えテーマを変え、語ってもらってきたわけだが、ここまで明確に、「西欧的な文明の終焉」を断言したのは初めてのことかもしれない。しかしこの言葉から、自らもその系譜にあるカント以来のドイツ観念論をガブリエルが否定したと捉えるのは早計だ。さらにその背景にある古代ギリシャ、ローマ以来の西欧的な論理による真実の探究という伝統の系譜を破棄したというわけでも、もちろんない。

もともと「新実在論」という彼が提唱する概念自体、「実存主義」と「構造主義」の最良の部分を両立させようとした試みという言い方もできると、かつて筆者は解説したが（丸山俊一・NHK「欲望の時代の哲学」制作班『マルクス・ガブリエル 欲望の時代を哲学する』NHK出版新書）、今回の、直線ではなく循環の時代だという宣言も、彼らしい、融合のバランス感覚のなせる技と言えなくもない。しっかりと「新たな啓蒙」を説く精神は健在であり、そのバックボーンは西欧近代の哲学の歴史が築き上げてきた叡智にあることは揺らいではいない。

そして、この「新たな啓蒙」に基づいて、ガブリエルによる日本社会に向けての批評と提言は、いよいよ核心に入っていく。

日本の歴史の中に存在し続けた？「cut」

日本文化の特性として、「cut（カット）」を多用し社会批評を展開しているところも、今回の特徴だ。以前は「ファイアーウォール」などという言葉で、日本文化の中に存在するある種の「閉鎖性」を指摘していたわけだが、今回は「cut」を多用している。この言葉が初めて登場したのは、資本主義のダイナミズムへの適応という文脈にあって、中国の有り様との比較において語られたものだ。

すなわち、日本も中国も、変化への適応力を持つ点では似ているが、日本には、明らかな「カット」がある点は、異なると。「cut」はこの文脈では差し当たって「排除」「遮断」という意味合いで理解しておいて良いだろう。異邦人と思しき存在への「排除」、他者性の「遮断」が、ひとまずの意味するところだ。やはり相変わらずガブリエルの目には、この島国の文化の同質性が時に「閉鎖性」と映り、さまざまな障壁と感じられているようだ。それは、今なお一般的な欧米からの眼差しと重なるところでもある。

そして、後半のインタビューでも、なかなか質問の手が挙がらない日本の集会ではよく遭遇するシーンで、互いに人の思惑を読み取ろうとする状況をきっかけに、他者への配慮が「cut」というスタイルをとるのが日本社会の特徴であることが、再び指摘される。この

「cut」のさらなる考察については、二〇一九年のニューヨークでの撮影の際、最終日に経済思想家の斎藤幸平が日本社会の閉塞感について尋ねた時の答えがヒントとなるだろう。

昨晩、私たちは日本人の女の子のグループにタイムズスクエアでインタビューしましたよね、そして、彼女たちに質問しました。ディレクターが「この人はとても有名な哲学教授なので、何か聞いてみたらどうですか」と。そうしたら、彼女たちはお互いを見て、ほかの二人の友達もこのような出来事に興味があるのか、どんな質問を発するのかを調べようとしている。ほかの人の意見を読み取ろうとしているのです。ほかの子たちも同じような反応をするでしょう。

つまり、誰かが人権の西洋的な概念を持ち込んだとき、それはこの日本の伝統的な均質性と、明文化されていないファイアーウォールを破壊してしまうかもしれない。外部からこのような概念を持ち込む人を好まないということです。

逆の視点から言えば、たとえば、スポーツのように、彼らは本当にお互いを調整し、ある目的のために一緒に働くというメリットはあるのかもしれない。でも、それはあなたが指摘するように、社会的差別を強化するかもしれないのです。（中略）

〔……〕日本の特筆すべき点は、規範がまったく明文化されていないわけではなく、むしろ非常に目立つということです。そのため、これらは非常に強力に維持されていると言えるでしょう。このため、これらは 私のような外国人にとってさえも、非常に可視的です。

一度そのような規範に気がつくと、信じられないほどとても饒舌に感じられてしまうのです。昨晩の三人の女の子を例にとれば、ジェスチャーの交換によって、何が起こっているのかは、ドイツ人の私にとってても明らかでした。彼女たちは口を手で隠して話す。これは日本的なものですが、でも、そのとき指を少し開いたままにしておくのが興味深い。人々はこれらのサインを読んでいるようなものです。多くは無意識ですが、ほとんど明文化されている。

それはとても目に見えていている。これを「日本版ネットワーク」と呼ぶことにしましょう。日本版ネットワークは、基本的には好きなものに使えます。柔軟性もあり、第二次世界大戦では非常に強力な武器でした。それが当時の日本の中国に対する軍事上の優位の理由の一部でもあったのです。ですが、アメリカ個人主義に敗れたことで、戦術はまったく違ったものとなった。そして、戦後、日本は表面的にアメリカ化したと思います。しかし、消費者行動はアメリカ的ですが、心の枠組みは全然アメリカ化されていません。これは完全に揺らぐことはありません。

（丸山俊一・NHK「欲望の時代の哲学」制作班『マルクス・ガブリエル　欲望の時代を哲学するII——自由と闘争のパラドックスを越えて』NHK出版新書、一八八—一九一頁、傍点筆者）

日本社会の中に存在する、「日本版ネットワーク」への考察。「ファイアーウォール」「日本版ネットワーク」そして、今回の「ジャパニーズ・カット」、それらのニュアンスの多くは重なる。ガブリエルにとって大きな障壁と感じられるこの日本社会の特質については、比較文学を専門とする中国人研究者、張旭東《チャンスートン》とニューヨークの地で語った時に、さらに明確に表現している。

〔……〕私も日本に行ったときのことをよく覚えていますが、さまざまな点でフランスに似ていますね。そこには単一の文化に基づくとても強力な意識があって、それを構造として感じ取ることになりますから。あなたが日本へ、よそ者として行った場合、そのことがわかるでしょう。島国の中だけのコミュニケーションがあります。

日本社会は、民族的、文化的、伝統的に同質です。外国人はその一%に満たず、このレベルにおいては海外の影響がほとんどありません。他とは異なるという共通認識があり、外部から何かが来ると、この信じがたいほどに複雑で美しく独自な「単一性」に対する脅威として扱われます。そして脅威はさまざまな戦略的方法で内部へと取り込まれてゆく。

だから、絶対的にあらゆるものを入れる余地があるけれど、それにもかかわらずイメージは一定のままで、それ自体は実際には変化していないのです。（中略）

これこそが、とても強力な「日本らしさ」ではないでしょうか。

それを私は「心の可視化」と呼んでいます。（丸山俊一・NHK「欲望の時代の哲学」制作班『マルクス・ガブリエル　危機の時代を語る』NHK出版新書、二〇二一―二〇三頁、傍点筆者）

そして、日本社会へのこんな提言の言葉も口にしていた。

〔……〕日本人の読心術という能力を真剣に受け止めてみましょう。抑圧に使わなければいいのです。日本版ネットワークの利用が教育の一形態であれば、それは悪くない。ネットワークの歴史は一般的には悪いものです。全体主義の危険もあります。もちろんそれは、自由ではありません。

日本版ネットワークが安定していて、個人を組織化するためのムラ社会的な概念がいまでも続いているのは、長い歴史によるものです。それは、世界の伝統的な社会システムの一つであるとも言えます。さらに、日本人自身の心でもあり、ほかの国には見られない要素です。とはいえ一部の人々でいいので、この日本のシステムを逆手にとる利用の仕方を、バーチャルに頭の中で考えてみてはどうでしょう。新しい形の普遍主義ですね。（中略）

〔……〕日本には、確かに二つの側面がありますよね。それはある種の力を説明していますが、一般にほかの人はゲームから排除されるので、それは社会的差別の形となることもあります。

日本の将来に向けての提言です。ある程度は移民国になってみてはどうでしょうか。他者性は財産であると考えてみてください。そこから新しいことを学ぶことができるのです。（『マルクス・ガブリエル　欲望の時代を哲学するII』一九四―一九五頁、傍点筆者）

この島国が、その歴史からか、現代にあっても否応なく生み出し続ける同質性の空気を直視し、同調圧力を行使したり、閉鎖的な排除の論理に陥ったりすることなく、以心伝心のネットワークとして有効利用せよ。この五年あまり、番組内でさまざまなレトリックで彼が提言し続けていることの根本は変わっていないことがよくわかる。

そして、二〇二三年の最新バージョンが「cut」なのだ。こうして一連の発言の背景を踏まえて、あらためてcutという、この中学生でも知っている英単語について、単に「切る」という意味ではなく、そのニュアンスを味わう方がよいだろう。cutは、先に言及した「排除」や「遮断」、さらには「切り取って整える」という意味も含んでいる。たとえば「切る」こと以上に「整える」ことに主眼があると受け止めたら、理解にも奥行きが生まれることだろう。少なくともガブリエルの目には、日本社会／文化の中に深く根付いていると見えている、日本的な「排除」「遮断」「整序」のありよう。それはガブリエルにとって必ずしもネガティブな意味だけを持つものではない。そうした陰影を含めて、cutの意味するところを、本文を通して考えてみていただきたい。

そして今回の来日にあって、シンポジウムなどの場で喫緊の課題として問われたのは、やはりあのテーマ、「資本主義」だった。

水を本質とする資本主義は「社会への認識」によって形を変える？

「資本主義＝利益の最大化のみを志向する経済体制」というイメージは、すっかり定着してしまった感がある。まるで、資本主義はすべて必然的に「強欲資本主義」に行き着くと認識されているかのようだ。しかし、少し歴史を振り返れば、時代により国により、さまざまな形態、理想があった。

「経済学の父」と呼ばれるアダム・スミスが、社会を支えるのは共感であり、だからこそ人と人が労働を分かち合うことで豊かな社会が築けると説いたことは、番組「欲望の資本主義」の初回から明確にしたメッセージだ。スミスが『国富論』を著してから二四〇年あまりの間に、紆余曲折を経ながらも、市場原理一辺倒の側面ばかりが目立つようになってきたこととの代償は大きい。とりわけこの三〇年あまりは、課題解決の多くを市場原理に委ねようとする思考や、株主の利益を最優先するアメリカ型の資本主義が、グローバル・スタンダードの名のもとに世界に広がってしまった。

そこで、近年ガブリエルが提唱しているのが「倫理資本主義」だ。このような議論の方向性自体は、別に彼だけが考え出したものではない。行き過ぎた「新自由主義」への批判とともに、「持続可能な経済」の模索、「パーパス経営」の提唱など、資本主義を修正しようとしたり、原点に立ち返ることを模索したりする動きが世界的な潮流となっているのは、ご存知の通りだ。特にこの一〇年ほどは、格差拡大に始まり、気候危機、デジタル技術市場の広がり、ＡＩ脅威論／幸福論、さらにはパンデミックなども経て、「どんな働き方が本質的な幸福に繋がるのか」、「人生において重視すべきものは何か」という問いが広がったように、資本主義における倫理的な側面にも注目が集まるようになった。

しかし、「環境破壊や経済格差を生み出す元凶はすべて資本主義」と断定するのは、いささか性急というものだ。資本主義にも時代や国、地域によって多様な形があり得る。そのことをまずは認識する必要があるだろう。地域、集団それぞれの特性、歴史を理解し、そこに属する人々の個性を生かし、倫理性と利潤の論理とがバランスをとれるようなあり方を探ることは、不可能ではないはずだ。

実際、「単にすべての取引きの後でプラスになっていればよい、プラスかマイナスかだけの判断でよい、私はこれ以上単純な論理を知りません」（丸山俊一・ＮＨＫ「欲望の資本主義」制作班『岩井克人「欲望の貨幣論」を語る』東洋経済新報社）という岩井克人の明快な言葉の通り、そのシンプルさで地球上に広がった資本主義。その根本の原理が単純であるからこそ、あらゆる場で、あらゆる人々が、新規参入を試み、新たな商品やビジネスモデルを生もうとする。ガブリエルも第一章で触れた「創造的破壊」（ヨーゼフ・シュンペーターによる命名）こそが資本主義のエンジンであり、それは経済のみならず社会をも変化させるダイナミズムを孕んでいるのだ。そこにはいつも、裏腹の関係がある。

「シュンペーターの議論で最も素晴らしかったと思うのは、資本主義に代替案がないのは、ある意味、資本主義は自身の代替案だと言えるからだという指摘です」（丸山俊一・NHK「欲望の資本主義」制作班『欲望の資本主義2——闇の力が目覚める時』東洋経済新報社）とは、かつてガブリエルと対談した時の、チェコの経済学者トーマス・セドラチェクの言葉だが、けだし名言である。その時、この言葉を受けてガブリエルは、資本主義とは「代替案のないショウ」だ、と応じていた。

チェコの奇才とドイツの異才の丁々発止の資本主義論から既に六年経つわけだが、ガブリエルが今回口にした、「資本主義＝水」というレトリックは、この時の議論の延長上にあるものと言えるだろう。変幻自在、融通無碍《むげ》……常に変化への対応を生命力とする資本主義という制度。機会あれば老子について語るガブリエルのこと、水という表象によって資本主義のダイナミズムを語る時、老子の「上善の水」（最高に善いものは水であることを表した言葉）を思い浮かべていたことだろう。事実、中国と資本主義の相性の良さを、老子を引いて語っている。中国では、「道教的資本主義」が向いていると言わんばかりに。
さまざまな場に応じて資本主義をカスタマイズする可能性を説くガブリエルだが、その着想の平易な構図は、既に過去の番組内でも示されている。「社会契約」をめぐって、一七世紀イギリスに生きたホッブズと、一八世紀フランスで考えたルソーとを引き合いに出した時のことだ。片や「万人の万人に対する闘争」で、片や「一般意志」で有名な二人の思想家による、社会の構造へのアプローチを、対照的な考え方として提示したのだ。

〔……〕ホッブズは、社会の中で私たちが個人として行っていることは、敵を破滅させたいという願望にほかならないと考えたのです。ホッブズによれば、社会の通常の形態が、闘争ということになります。争いのない状態のほうが特殊なのです。これが、「万人の万人に対する闘争」という、彼の有名な考え方を支えています。（中略）一方、まったく逆の見解もあります。一八世紀フランスの思想家、ジャン・ジャック・ルソーによって導入された、「社会契約」と「契約社会」の概念です。その考えによれば、社会とは個々の人間が集まる以前にある存在、つまり個人に先立つものなのです。その意味で、ルソーは社会の構成にあたって、教育に関する概念を重視します。個人が社会を作り上げているのではありません。ルソーに言わせれば、それは個人主義か、家庭主義ということになってしまうでしょう。逆なのです。社会が個人を生み出す、それがルソーの考え方です。

整理しましょう。一つの考え方は、ボトムアップの考え方です。私たちは要素から始めて全体を構成する、というのが社会に関するホッブズの理論です。原子論＝アトミズムと言えます。一方、ルソーの考えは、トップダウン。通常は全体論＝ホーリズムと呼ばれます。社会全体から始めて、その全体から個人は生み出されるというものです。個人から考えるホッブズ、社会から考えるルソー。どちらが正解なのでしょう？（『マルクス・ガブリエル　欲望の時代を哲学するⅡ』七〇―七二頁）

こう問う以上、おわかりのように、ガブリエルの考える正解はどちらにもない。ガブリエルは、アメリカ型資本主義に浸透していると見られるホッブズの見方を否定し、同時に、ルソーの思想も観念的で時に迷妄を生みかねない極端なものとして脇に置いて、第三の考え方として、ヘーゲルを引用しつつ進むべき道を提示する（関心のある方は書籍をご一読いただきたい）。過度な現実主義も、過度な理想主義も、実際の経済社会のシステムの中では認識のワナに陥る。たとえば鬱蒼《うっそう》たる森の前に立つ時、個々の木々を見ているだけでも、全体を見ているだけでも、森林の実相は見えてこない。アトミズムとホーリズムの対立をすり抜けて、樹木と樹木の有機的な関係性を見出そうすることで、初めて森の生態系は見えてくるというところか。関係性によって、そこに育まれる精神を生かすことによってこの社会は活性化するはずだという視点だ。

個と全体についてのこうした思考を経て、ガブリエルは、「倫理資本主義」を育む土壌として日本には可能性があると見る。すなわち、他者の意向にいつも思いをめぐらせる「日本流読心術」と、「ジャパニーズ・カット」としても現象する「阿吽《あうん》の呼吸」のネットワークが、大いに有効だと説くのだ。日本こそ、新時代の資本主義に適性がある、自信を持てという励ましにも聞こえてくる。

敵は資本主義ではない――自然主義から抜け出し自らの価値観を養う術は?

西欧的ヒューマニズムの復権を目指すガブリエルによる、資本主義の肯定と、日本的閉鎖性の逆説的な効用。この二つのメッセージの組み合わせを、意外に感じられた読者も多いのではないだろうか?

さてここで確認しておくべき大事なポイントは、ガブリエルが否定し、警戒を呼びかけているのは、「資本主義」でもなければ「近代」でもないということだ。さらに言えば「科学」でもない。彼が問題視しているのは、科学的なものの見方のみが真実であるとする「自然主義」であり、その「自然主義」が引き起こすニヒリズムだ。具体的には、多くの西欧諸国や日本が目指していた工業化の過程で生まれ、人々の心に宿ることになった思考様式を、彼は断罪する。そして、その過程で「存在」(ハイデガー)が、そして「精神」が忘れられていったことを嘆く。

これらの言葉も、今までの番組シリーズにおける発言の延長上にあるものだ。二〇一八年の来日時に徹底して「自然主義」を批判し、その後ニューヨークでは「思考もまた感覚である」と大胆な説を提示したガブリエルは、その上で今回、倫理資本主義=形而上学的資本主義を推進する絶好の舞台として、日本の地の潜在的な可能性を強調する。多少のリップサービスを割り引いたとしても、日本の美意識、精神に期待していることに嘘はない。「読心術」などの日本社会の特徴が強みへと転換しうること、言わば「逆転の発想」が可能だと、ガブリエルは今回の来日でも、経団連のシンポジウムをはじめさまざまな場で発言している。

同調圧力による付和雷同というダークサイドをすり抜けられれば、日本的「精神」、つまり阿吽の呼吸と読心術による以心伝心が鍵となって、資本主義のバージョンアップが実現するのではないか、というわけだ。「日本的カット」は、悪しき「遮断」として働くことなく、むしろコミュニケーションを円滑にするショートカットとして機能することもある。

その上で、資本主義というものを自身の美意識と照らし合わせ、問い直していくことで、「倫理資本主義」の一歩を踏み出せ、と呼びかける。ここでいう倫理とは、こうあるべき、とあらかじめ決められるものではなく、一人ひとりが立ち止まり、自身の中に埋もれているさまざまな感受性、価値観の可能性に気づき、自ら考えるものだ。倫理、倫理と掛け声ばかりだと、それがまた耳目を集める「新たな商品」になってしまう可能性もある。そんな皮肉な事態を避けつつ、個人の価値観や信条の延長上に経済活動を捉えて資本主義をバージョンアップしていくうえで助けとなるのが、ある「力」だ。

アートの自律性を再認識した上で、人間の自律性も自覚せよ

もう一つの思考の補助線となる「力」の存在が鍵を握る。ガブリエルの著作の日本語訳の最新刊は『アートの力』だ。そこでは、人類の歴史の中で連綿と息づいてきた芸術につ

いて、その本源的な生命力が語られ、「自然主義」が生むニヒリズムへの対抗手段としても光が当てられている。

資本主義の奔流に抗するために、「美意識」を対置する。そこで、人類史の根底を流れてきたアートのエネルギーに、ガブリエルの関心は向かう。ある意味では当然の発想と言えるだろう。アートという、原初から人々の生命力を喚起する存在、言わば「エネルギーの源」の自律性を論じた上で、ガブリエルは、人間の存在の自律性についてもこう語る。

> 自律性とはもちろん、物や人がそれ自身の法則によって支配されていること、自身を構成する法則以外の何ものにも従属しないということだ。現実において自律しているのは、何もアート作品だけではない。イマヌエル・カントの実践哲学によれば、人間もまた自律した行為主体である。というのも、人間は心に抱いた自己像に従って行動するからだ。私たちは、自分自身や他の行為主体、あるいは自分を取り巻く対象について、その大部分を想像のなかで理解している。私たちは、自分が何ものであり、またどうありたいかという考えにしたがって、自分の生を生きているのだ。（マルクス・ガブリエル『アートの力――美的実在論』大池惣太郎訳・柿並良佑翻訳協力、堀之内出版、九五―九六頁、傍点筆者）

アートの力の本質を自覚した上で、今こそ、人間の自律性を再発見せよとのメッセージ。そしてその自律は、実は他者との関係性において成立すると、あらためて説く。

> 私たちは個人として自律するのではない。むしろ反対に、自分の行動をどの人間にも妥当する普遍的なものとすることで、自律するのだ。（同前、九七頁）

こうしてカントの「自由意志」をめぐる議論に重ねるようにして、人間の自律性が孕む、一見パラドキシカルな構造についても解説している。さまざまな人々が織りなす関係性の総体としての世の中で、排外的な個人主義にもニヒリズムの全体主義にも陥ることなく進む道を提案する。言い換えれば、他者の異質性への想像力を保ちつつ、自己の感受性を普遍的なところまで考究することで、ヒューマニズムに支えられた社会の維持を目指すことをガブリエルは呼びかけている、ということになるだろうか。

二一世紀の「一杯のお茶」の可能性

危機の時代の現状分析、国際情勢、政治思想の背景、西欧文明の行く末、資本主義の問題、そしてアートの持つ力への着目……次々に繰り出される「哲学」的な考察。さまざまな視点の必要性が浮き彫りとなり、この大変革の時代にあって、思考の遠近法の転換を求められていることに、あらためて思いを深くする。だが同時に、そこで少し複雑な気分にもなるのだ。

巨視的な文明論においては、日本も欧米諸国と同じく、一定の使命を終えつつある「近代」の論理から抜け出す挑戦を、との呼びかけに同意しないわけではない。「近代的ニヒリズム」に感化された国々は、等しく、直線的な進歩の論理から循環的な世界観への移行を考えよ、というわけだ。

だが、そもそも「近代化」=「西欧化」とひとまず理解することで、明治期からヨーロッパ文明の受容にひた走り、社会の発展を目指してきた日本は、いつもどこか、ねじれた位相の中で考えざるを得なかったのではないか？「和魂洋才」などとも唱えられ、西洋と日本という対立項が意識され、その後も漱石、鷗外らが抱えた葛藤は、やはり個人と社会の間に生じる問題と関わっていた。第二次世界大戦後もアメリカから強い影響を受け、その果実を享受しながらもある種の影も生んできた日本の歴史。

そして今、二〇二三年という年に、ヨーロッパの知性から「西欧文明からの転換」を説かれ、「石の構築」から「水の運動」への変化を唱えられる時、めまいのようなものを感じる。それを目標にして歩んできたはずの理想的な存在から、その理想の終焉を告げられる。あるいは、目標に追いついたと思ったら、そこには何もなかった——。繰り返し現れては消える、蜃気楼のような理想の世界。「坂の上の雲」を目指して行ってみたら、実態はまさに雲をつかむようなものだった。明治以来の日本と西洋の関係を振り返ると、そこには皮肉な構造がある。一〇〇年ほど前に、奇しくも同じくドイツ人の画家兼作家エーリッヒ・ショイルマンにより著わされた『パパラギ』なる、ユーモラスかつ辛辣な西洋文明への自己批判の書を思い起こしてしまう。

さまざまな国際交流、異文化間コミュニケーションを経た二一世紀の今、「西欧」、「ドイツ」、「日本」などの記号に従ってその文化、思考を一面的に捉え、「本来、日本人は……」というような素朴で雑駁な議論をしようとは思わない。しかし、ガブリエルの真意をつかむためにも、日本の歴史の中で培われてきた「暗黙知」のような思考様式の存在や、それが生み出す「壁」の越え方についても、さらに話を深めてみる必要性を感じた。

そこで、赤坂での最初のインタビュー（本書Ⅰ部）を終えた後、一計を案じ、大西ディレクターに一つのトピックを託した。新たな展開を期してあえて投げかけてみたのは、一九〇六年、アメリカ・ボストンの地にあって流暢《りゅうちょう》な英文で綴られた先人の想いだ。

岡倉天心『茶の本』。茶道という伝統文化に、日本の歴史、風土の中で培われてきた精神性を象徴させ、欧米の人々に伝えようとした試みである。本文では、重要なセンテンスをいくつかご紹介したが、冒頭部分を引用し、あらためて味わってみよう。

茶道は日常生活の雑駁ないとなみのなかにあって、美しいものを崇拝することを基本とする一種の儀式である。それは純粋と調和、相互慈愛の神秘、社会秩序の浪漫主義を、とっくりと教え込む。茶道の本質は「不完全なもの」を崇拝するにある。それは、われわれが人生として知っているこの不可能なもののうちに、なにか可能なものを成就しようとする柔和な企てであるからだ。（岡倉天心『茶の本』浅野晃訳、講談社インターナショナル、三四頁）

「完全なもの」を志向する西欧「近代」の論理に対して、あえて「不完全なもの」を愛《め》である、日本文化の精神のありようを突きつけようとした岡倉。柔よく剛を制す、ではないけれど、そこに、柔らかでありながら、強い意志を見出す。水が時に石を打ち砕いていくかのような、そんな精神の運動を、言葉や論理にならない感受性を、欧米の人々は理解できるのか？　当時の岡倉の強い想いが窺える。

もちろん、時は流れ、岡倉の時代と現在では文化的な構図は大きく変わっている。しかし、日本に対して期待を示しているとはいえ、ともすれば「ガラパゴス化」した日本という論調で、日本社会の閉鎖性に対して紋切り型の批判をしているかのように聞こえかねないガブリエルの言説を、そのまま完結させることなく、もう一段、さらに普遍的な知の可能性を見つけ出すために、こちらからも対話の材料を提示した。うわべだけの「相互理解」で終わらせず、議論を深めるためにも、ガブリエルにこうした変化球を投じてみることが必要なプロセスだと感じたのだ。岡倉が、一世紀以上を経た今、ドイツ人哲学者の口から発せられる、「日本特有のカット」という言葉を耳にしたなら、どんな複雑な感慨を抱くのか。

その対話の行方は、じっくり本文を味わいながら、ご自身で考えを深めてみていただきたいところだが、その前提となる文化的な背景についても、少し確認しておこう。

「日本文化論の先駆け」からガブリエルにまで届いた命題

> こうして次の問題は、では「存在」をどう取り戻すか？ということに移ります。つまり、近代に失われた「存在」を、その状況からどのように回復していけばよいのか、ということになるのですね。日本も今、独自の形で、まさにこの過程を経験しているのではないでしょうか。
>
> それは言い換えれば、どのようにサムライの刀でもある「カット」（＝切断）に、調和を生めばよいのか？ということであり、また、どのように「カット」（＝遮断）と花の美を調和させることができるのか？ということ――もっと端的に言えば、どうすれば花を「カット」せずに（＝斬らずに）済むのか？ということです。これは今日においてとても重要なことだと思います。（本書一四一頁、傍点筆者）

「花を斬る」ことなく「存在」を保つ思考のスタイルを、日本は持てるのか？　こう問いかけるガブリエルの頭の中に、この時ある一冊の日本文化論の書名が想起されていたであろうことに、少なからぬ読者の皆さんがお気づきになったのではないだろうか？

『菊と刀』。第二次大戦後に刊行されたが、もともとはアメリカの文化人類学者ルース・

ベネディクトが、戦時中に「敵国」日本の精神風土を研究、解析した書だ。日本社会を「恥の文化」と名づけたことでも有名なこの書は、賛否ありながらも、内外で長らく読まれ続ける、日本社会の精神性を考えるための入門書として、古典となっている。

日本が鎖国を解いて門戸を開放してから七五年。その間、日本人を描写するために、「その反面……」という言い回しが数え切れないほど繰り返されてきた。世界中でこれほど頻繁にこのフレーズを適用された国民はない。真摯な専門家であれば、日本人以外の国民に関して論評する際、以下のような矛盾した説明はしない。「礼儀をわきまえているという点で他の追随を許さない」と述べながら、「その反面、思い上がった、態度の大きい国民である」という一節を付け加える。（ルース・ベネディクト『菊と刀』角田安正訳、光文社古典新訳文庫、一四頁）

その他にも多くの、一見対極にあると思われる性質が日本人の特徴として列挙される。「頑固さ」と「順応」性、「従順」かと思えば「上からの統制に素直に応じない」、「心が広い」のに「執念深い」といった具合だ。こうした日本人の二面性をベネディクトは論じた上で、その「矛盾」を、次の象徴的な言葉に収斂させて表現する。

これらの矛盾はいずれも日本に関する書物の縦糸と横糸であって、すべて真実である。菊も刀も、同じ日本像の一部なのである。日本人は攻撃的でもあり、温和でもある。軍事を優先しつつ、同時に美も追求する。（同前、一五頁、傍点筆者）

花の美しさを愛でる温和さと、刀を抜くことも厭《いと》わない攻撃性。そして、「菊と刀」を併せ持つ日本人への分析は、軍事行動の考察へと続く。他人の視線を気にする「恥の文化」を持ち、同時に「階層制度」を信頼し重んじる日本文化は、集団でどう機能し、どう人々を動かすことになるのか？

ベネディクトは、戦時下における日本軍兵士たちの行動への危惧を率直に綴っている。

〔……〕他人の目をおそろしく気にする一方、他人に自分の過ちを知られていない場合でもやはり、やましい気持ちに駆られる。兵卒は徹底的に規律をたたき込まれているが、同時に反抗的でもある。

アメリカにとって日本を理解することがかくも重要になったとき、右に挙げた矛盾や、同じように目立つそのほかの矛盾を、たいしたことはないと一蹴するわけにはいかなくなった。重大な局面が続けざまにやって来た。日本人は、一体何をしてくるだろうか。本土上陸をせずに日本を降伏させることは可能だろうか。（同前、一五―一六頁）

今読んでも、一人の日本人としてなんとも複雑な感慨を抱く。その後も日本国内でもさまざまな議論があり、ベネディクトの見立てがどこまで的を射ていたと言えるのか、難しいところだ。しかし、この一人の文化人類学者によって記された書が、世界中の多くの研究者たちを、日本文化の「矛盾」への洞察へと誘ったことは間違いない。

そして七〇年以上の時を経た今、再び、ドイツ人哲学者の思考のモチーフとなったのではないか。岡倉による、異文化との交差によって生まれた「矛盾」の言葉を聞き、ガブリエルも自然と、長く論じられてきた日本文化論の古典を連想したのかもしれない。ちなみに、ことあるごとにガブリエルもさまざまな表現で日本人の「二面性」に言及してきた。今回も、潜水艦からの観察の話などが象徴的だ。

矛盾、分裂と、欧米からは見られがちだった、日本社会の底に潜むとされるメンタリティ。

そうした性質が、今なお存在すると仮定したならば、それを生みだしている本質的なものがあるのではないか? もちろん、ガブリエルの洞察とベネディクトの論を重ね合わせて論じることはできないし、またこの二面性をより深く探究するなら、日本国内の考究の系譜にあっても、丸山眞男による「超国家主義」や「無責任の体系」という議論、作田啓一の「タテマエとホンネ」をめぐる考察なども視野に入れることになると思われるが、それは本稿の責を超える話となりそうだ。ステレオタイプの日本文化論になってしまわないよう注意しつつ、『菊と刀』を現代に引き継いだ時、どんな視界が開けるのかを考え続けたい。

「哲学」という形式の外部で「考える」日本人

二一世紀に入っても再び繰り返される、異文化間ですれ違う眼差しと、意外な部分での重なり合い。東西文化間の引き裂かれるような、こうした力学の中で考える時、さらに思考の補助線となる概念がある。

「反哲学」。その名も『反哲学入門』なる、ヨーロッパの思想の系譜を押さえつつ、同時に、それに対して挑戦的な一つの視座を提示する述懐だ。

〔……〕よく日本には哲学はなかったと言われますが、わたしもそう思いますし、哲学がなかったということを別に恥ずかしいことだとは思いません。「哲学」というのは、やはり西洋という文化圏に特有の不自然なものの考え方だと思うからです。
ですから、自分のやっていることは、強いて言えば、そうした「哲学」を批判し、そうしたものの考え方を乗り越えようとする作業ではないかと思い、それを「反哲学」などと呼ぶようになりました。（木田元『反哲学入門』、新潮文庫、五頁、傍点筆者）

青年期には戦後闇市などで生活の糧を得て、終生のテーマとしてハイデガーの研究に人生を捧げた異色の哲学者・木田元《げん》の著作だ。「反哲学」は、彼の長年の学問的成果であり、たどりついた「境地」と言ってもよいのかもしれない。木田によれば、プラトン以来、ニーチェによる根本的な問題提起までの長い西欧哲学の歴史は、日本人の生来持つ感覚からすれば、言わば「不自然な」問いの歴史だったということになる。

木田の言う、「西洋という文化圏に特有の不自然なものの考え方」とは何か？

それは、端的に言えば、まさにこうした問いの仕方そのものだ。「○○とは何か？」という存在論的な問い方こそが、不自然さの正体だと木田は言う。そして、「○○とは何か？」

という、形而上学的な問い方こそが、人間の存在の本質を感じ取ることの妨げになっているとも指摘するのだ。

奇しくもハイデガーによる「形而上学とは何か」という、こうした文脈にあっては書名自体がブラックユーモアのようにも聞こえる書があるが、その序論で、既にハイデガー自身がこう述べている。

> 形而上学は存在事物を思考する仕方によって、知らぬうちに人間本質への存在の始源的関与を人間に対して妨げる制限になっているようにさえも思われるのである。（ハイデッガー『形而上学とは何か』大江精志郎訳、理想社、一三頁、傍点筆者）

「〇〇とは何か？」と問うた瞬間に、〇〇の（動的な）状態は停止させられる。それは〇〇を知ろうとしながら、その本質に関与することを自ら妨げる問い方ではないのか？　こうした疑問をハイデガーは「制限」と表現した。形而上学的とされるこの種の問いには、言わば「高み」から対象を捉えようとすることの歪《いびつ》さを感じてしまう。一般的にドイツ観念論においては、「存在」が問われてきたが、フランス現代思想以降においては、「様態」

「生成」が問われることが主流となっている現状も、西欧哲学の歴史に対するニーチェ、ハイデガーらによる懐疑から生まれたものだったと考えると合点がいく。

再びガブリエルに問う、「cut」のバージョンアップへの道

この「反哲学」的な視点を踏まえてガブリエルとの対話を試みるとどうなるのか？　もともと中国の思想にも強い関心を寄せ、フランス現代思想にも通じる視座を持つガブリエルは、西欧的な論理にとどまらない普遍的な思考の基盤を、どのような歴史、文化の背景を持つ人々とも共有することができるという信念を持っている（『マルクス・ガブリエル　欲望の時代を哲学する』Ⅰ章2節）。いま紹介した「哲学／反哲学」の構図を乗り越える思考の軸を探究していると言えるだろう。それゆえに、アートという根源的な領域で、美意識においては人類が繋がることに賭けるよう、呼びかけているかのようだ。

いたずらな「特殊」論に陥らずに、どんな対話がこれからも可能なのか？　そしてその延長線上に、豊かな「倫理資本主義」を描いていくことはできるのか？　普遍的な真理の探究によって、文化の違いを越えた人間としての共通理解を目指し続けるガブリエルの姿勢に異論はない。

しかし、「存在」という精神性の回復と、経済的な活性化を両輪としていくのは並大抵のことではない。「倫理資本主義」は、モノからコトへ、さらにトキへ……とも言われるポスト産業資本主義の潮流の中で、諸刃の刃となってしまわないか？　絶えず差異を取り込み、今や人々の「共感」までも商品として飲み込んでいく欲望が、ネット社会が生み出した市場には渦を巻いているのだ。顧客のために自らの感情を抑圧することを強いられる仕事を指す「感情労働」という言葉も人々の間に広がり、他者の意向への「忖度」に日々慢性的な疲労を感じる人々も少なくない。発想、アイデア、ブランドなど、「形のない資本」が経済を動かす時代にあっては、「感情」「精神」までもが商品化される事態が既に生まれていると言っても過言ではないだろう。そこには、一つ間違えば結果的に「人間性」そのものまで切り売りされるかのような、スリリングな状況がある。コミュニケーションと取引の狭間で、常に内省を欠かすことなく、自らの心の有り様を守る姿勢も持たねば、大切なものを失いかねない。

あらゆるものが価格を持つ社会の中で、唯一人間の「尊厳」に絶対的な価値を認め、それだけは売り買いできないと断じたのは、ほかでもないエマニュエル・カントだった。そのカントの後を継ぎ更新する自負を持つであろうガブリエルには「釈迦に説法」というところかもしれないが、この「尊厳をどう保つか」という古くて新しい問題は、やはり指摘しておきたい。

　カントを味わい、老子も吟味し、さらに西田幾多郎に関心を寄せる……、ガブリエルのそうした思考からこそ見える風景もあることだろう。だが、同時に、怪物的な力量を持つ資本主義、さらに自身が言うところの「入れ子構造の危機」の中、迷路に入り込み抜け出せないような事態は避けねばならないし、注意深くあらねばならないはずだ。

「資本主義への武器としてのお茶」。一世紀以上の時を経て、岡倉の問いかけは今なお色あせないものがあり、対話は続く。「不完全を愛でる心」はどこまで世界に届き、どこまで普遍性を持つのか。そして、ハイデガーの言う「存在」とともに、木田も指摘した、日本の先人たちの中に連綿と受け継がれてきた自然と同化するような感覚、ものの見方考え方、ある種の「精神」についても同時に俎上に載せてみることも重要だ。ガブリエルも過去の収録で日本の「精神」の重要性を説いており、異論はないはずだが、今後、彼自身が日本に向けて書き下ろすという「倫理資本主義」についての著作の中でもさらなる思考の展開を示してくれることだろう。

ひとまず、今回の「語り」から、「対話」から何を導き出し、考えるべきか。ガブリエルからの言葉はもちろん大事だが、きっかけに過ぎない。思考を深め、行動するのは、私たち自身なのだ。

最後に、今回の番組企画、取材、制作にあたっては、大西隼さん、池田光輝さん、高橋才也さん、堀内慧悟さん、秦智美さんらの尽力にあらためて感謝したい。翻訳に際しては、今回も中沢志乃さんによる訳をベースとしつつ、大西ディレクターとも話し合いながら手を加えさせていただいた。執筆の進行にあたっては今回も細やかなサポートをしてくれたNHK出版新書編集部の倉園哲さん、またNHK編成局小野さくらさんにもこの場を借りて、御礼申し上げる。各所の撮影などにあたっては、東京大学東洋文化研究所所長/教授の中島隆博さんに一方ならぬご尽力をいただいた。あらためて感謝の意を表したい。

本書がどなたにとっても、この大きな変化の時代に、ご自身が感じ考え、人生を選び取っていくための、ささやかなヒントとなることを願う。

二〇二三年　一一月

丸山俊一

「欲望の時代の哲学2023
～マルクス・ガブリエル　ニッポンへの問い～」
（NHK BS1　2023年8月6日放送）

〈番組記録〉

語り	高橋美鈴
声の出演	古賀慶太
テーマ曲	三宅　純 “Lilies of the valley”
資料提供	茨城県天心記念五浦美術館　NASA 米国立公文書館　ゲッティ
映像提供	南　幸男
撮影	福元憲之 伊奈勇人
音声	藤田秀成
照明	須田道雄
映像技術	鈴木教文
CG制作	森下征治
音響効果	佐藤新之介
取材	池田光輝 堀内慧悟
ディレクター	大西　隼
プロデューサー	高橋才也
制作統括	小野さくら 丸山俊一
制作協力	テレビマンユニオン
制作	NHKエンタープライズ
制作・著作	NHK

丸山俊一 まるやま・しゅんいち
1962年生まれ。慶應義塾大学卒業後、NHK入局。
「欲望の資本主義」「世界サブカルチャー史」ほか、
独自の視点で時代を斬る異色の教養番組を企画・制作統括。
現在、NHKエンタープライズ・エグゼクティブ・プロデューサー。
著書『結論は出さなくていい』『14歳からの個人主義』など、
制作班との共著に『欲望の民主主義』
『マルクス・ガブリエル 欲望の時代を哲学する』『同 II』
『AI以後』『欲望の資本主義』1〜5『世界サブカルチャー史』など。
東京藝術大学客員教授を兼務。

NHK出版新書 712

マルクス・ガブリエル
日本社会への問い
欲望の時代を哲学する III

2023年12月10日 第1刷発行

著者 丸山俊一
NHK「欲望の時代の哲学」制作班

発行者 松本浩司

発行所 NHK出版
〒150-0042 東京都渋谷区宇田川町10-3
電話 (0570) 009-321(問い合わせ) (0570) 000-321(注文)
https://www.nhk-book.co.jp (ホームページ)

ブックデザイン albireo

印刷 新藤慶昌堂・近代美術

製本 藤田製本

Printed in Japan ISBN978-4-14-088712-7 C0210

NHK出版新書好評既刊

キリスト教の本質
「不在の神」はいかにして生まれたか
加藤 隆
キリスト教の実態とは「神なし領域の宗教ビジネス」である。ストラスブール大卒の神学者が、自らの研究の集大成として世に放つ、類書皆無の宗教論！
708

希望の分子生物学
私たちの「生命観」を書き換える
黒田裕樹
分子生物学が導く驚きの未来像をわかりやすく、豊富なたとえを駆使して解説。生命や健康、生物学的な〈わたし〉という存在への認識が改まる！
709

運は遺伝する
行動遺伝学が教える「成功法則」
橘 玲
安藤寿康
知性、能力、性格、そして運まで。私たちは残酷な世界の真実にどう向き合うべきか？ 人気作家と行動遺伝学の第一人者が徹底的に論じる決定版。
710

「源氏物語」の時代を生きた女性たち
服藤早苗
身分ある女性から庶民の女性にまで光を当て、彼女たちの結婚・出産・仕事・教養・老後などを史料に基づいて解説。平安時代の実像に迫る快作。
711

マルクス・ガブリエル 日本社会への問い
欲望の時代を哲学するIII
丸山俊一
＋NHK「欲望の時代の哲学」制作班
哲学者の眼に「九〇年代で足踏みしている」と映る日本人は今、何を目指せばいいのか。日本の特質を生かして「より良き社会」を作る道が見えてくる！
712